DIE REIHE
Archivbilder

MARIENTHAL
BEI ZWICKAU

Diese Ansichtskarte von Marienthal wurde am 22. März 1893 abgestempelt. Die Lithografie zeigt das Dorf, die alte Kirche und das Windberghaus an der Werdauer Chaussee. (1893)

Auf dem oberen Bild der 1899 gestempelten Ansichtskarte sind die alte Kirche, die neue und die alte Schule (halb vom Kantorat verdeckt) und der „Gasthof Marienthal“ (links) zu erkennen. Die beiden Zeichnungen auf der linken Seite zeigen das Gemeindeamt und den Gasthof. (1899)

DIE REIHE
Archivbilder

MARIENTHAL
BEI ZWICKAU

Norbert Peschke

SUTTON
VERLAG

Die am 10. November 1902 abgestempelte Ansichtskarte trug schon die Ortsbezeichnung Zwickau-Marienthal. Außer der Pauluskirche sind noch die alte (links) und die neue Schule sowie die Paulusstraße abgebildet. (1902)

Sutton Verlag GmbH
Hochheimer Straße 59
99094 Erfurt
www.suttonverlag.de

ISBN: 978-3-86680-611-5
Druck: Books on Demand GmbH, Norderstedt, Deutschland

Titelbild: siehe Seite 53 oben

Inhaltsverzeichnis

Vorwort

Die Kritik vieler Marienthaler Einwohner, über Planitz gebe es schon vier Bücher und über das genauso alte Marienthal noch keines, ließ mich nicht kalt. Da die über den Grenzstreit ausgestellte Urkunde aus dem Jahre 1192 die Namen von Marienthal und Planitz beinhaltet, wäre es wohl höchste Zeit für ein derartiges Buch. Also beschloss ich, mit dem Sutton Verlag einen Band über Marienthal herauszugeben. Da Marienthal über 700 Jahre ein Dorf bzw. eine Gemeinde war und nur etwa 120 Jahre ein Zwickauer Stadtteil, wählte ich den Titel „Marienthal bei Zwickau". Entscheidend für den Inhalt dieses Buches waren die Stadtteilgrenzen des Jahres 1939, als der Lichtentanner Ortsteil Brand nach Zwickau eingemeindet und dem Stadtteil Marienthal zugeordnet wurde. Die Gemarkungsgrenze verlief folgendermaßen (heutige Straßennamen):

- von der Königswalder Straße (gleichzeitig Stadtgrenze),
- über die Dänkritzer Straße (gleichzeitig Stadtgrenze),
- durch den Städtischen Waldpark bis zum Fritzsche-Denkmal führend,
- am Waldfußweg entlang,
- von dort nach Süden abzweigend,
- die Werdauer Straße querend,
- westlich der Agricolastraße verlaufend,
- die Reichenbacher Straße querend,
- westlich des Kornweges verlaufend,
- im Galgengrund nach Westen dem Stenner Marktsteig folgend,
- von der südlichen Spitze des Flugplatzes in einer geraden, nordwestlich verlaufenden Linie,
- dabei die Maxhütte an der Reichenbacher Straße ausschließend,
- westlich von Brand verlaufend,
- das Heinrich-Braun-Klinikum einschließend,
- über die Werdauer Straße durch den Stadtwald bis zur Königswalder Straße.

Für dieses Buch ergeben sich damit folgende inhaltliche Konsequenzen: Das Varieté „Lindenhof" stand nicht in Marienthal, sondern in der Westvorstadt. Es ist deshalb nicht in diesem Buch erwähnt. Dafür befanden bzw. befinden sich der ehemalige Segen-Gottes-Schacht, die größten Gebietsteile des ehemaligen Flughafens (heute Flugplatz) und des Reichsbahnausbesserungswerkes auf Marienthaler Flur. Die Maxhütte in Lichtentanne kam erst in der Mitte des 20. Jahrhunderts zum Stadtteil Marienthal. Es sei noch angemerkt, dass die Benennung der Stadtteile inzwischen geändert worden ist.

Den Freunden des Varietés „Lindenhof" sei jedoch versichert, dass ein zweiter Band in Arbeit ist, der den Arbeitstitel „Die Zwickauer Stadtteile Marienthal und Westvorstadt" trägt. Dann können auch die Bilder berücksichtigt werden, die heute noch in Alben und Kartons schlummern.

Ihr Norbert Peschke

Literaturnachweis

Adressbücher der Stadt Zwickau, Zwickau 1850–1948/49
Adressbuch der Kreisstadt Zwickau und der Ortschaften, Zwickau 1875
Adressbuch folgender Städte und Ortschaften, Auerbach i. V., Bockwa, […], Marienthal […], Zwickau 1896 und 1898
Adressbuch umliegender Orte von Zwickau i. S., Wilkau 1900
BLASCHKE, KARLHEINZ: *Historisches Ortsverzeichnis von Sachsen, 3. Teil, Erzgebirge und Vogtland,* Leipzig 1957
BUCHWALD, GEORG: *Neue Sächsische Kirchengalerie,* Leipzig 1902
HERZOG, EMIL: *Chronik der Kreisstadt Zwickau,* Zwickau 1839/45
KRAMER, GERHARD: *475 Jahre Brand,* Zwickau 2002
LÖFFLER, MICHAEL | PESCHKE, NORBERT: *Chronik der Stadt Zwickau,* Zwickau 1993
SCHUMANN, AUGUST: *Vollständiges Staats-, Post- und Zeitungslexikon von Sachsen, Bde. 1–18,* Zwickau und Leipzig 1818–1825,
Sachsens Kirchen-Galerie, 8. Band, Die Inspectionen: Chemnitz, Stollberg, Zwickau und Neustädtel, Dresden 1840
VEREIN ZUR VERBREITUNG GUTER UND WOHLFEILER SCHRIFTEN: *Führer durch Zwickau und seine Umgebungen,* Zwickau 1866
Verwaltungsberichte der Kreisstadt Zwickau, Zwickau 1902, 1903
STADTARCHIV ZWICKAU: *Akten von Marienthal*
50 Jahre Genossenschaft – eine Chronik, Zwickau 2004
800 Jahre Marienthal 1192–1992, diverse Beiträge, Zwickau 1992

Zahlreiche Zeitzeugen trugen mit ihren Berichten zum Gelingen des Buches bei.

Danksagung

Der Autor dankt herzlich folgenden Helfern, ohne deren Mitwirken das Buch in der vorliegenden Form nicht gelungen wäre: Lutz Feustel (Zwickau-Marienthal), Jochen Mehler (Zwickau-Marienthal), Rudi Siegemund (Zwickau-Marienthal).

Ein besonderer Dank gilt Dr. Angelika Winter und Hartmut Schröter für ihre Korrekturlesungen.

Bildnachweis

Halbauer, Uwe (Zwickau-Eckersbach): 100 u.,
Hering, Hans-Georg (Zwickau-Marienthal): 123 o.,
Heinrich, Rainer (Steinpleis): 62 u.,
Kindel, Heinz (Zwickau-Marienthal): 80 u., 81 u., 82 u., 93,
Kröber, Dagmar (Zwickau-Marienthal): 43, 44 o., 83, 84 o., 85,
Lippold, Horst (Zwickau-Marienthal): 74 u., 75, 76, 77, 78, 81 o.,
Mehler, Jochen (Zwickau-Marienthal): 70, 71,
Pluntke, Karl-Heinz (Zwickau-Bockwa): 52,
Röber, Wolf-Dieter (Zwickau-Marienthal): 55 o.,
Rogsch, Dietrich (Zwickau-Marienthal): 59 u.,
Seitz, Reiko (Zwickau-Marienthal): 51 o.r., 111 u., 127 o.,
Stark, Lothar (Zwickau-Marienthal): 125 o.,
Wimmeler, Gudrun (Zwickau): 87,
Winkelmann, Heinz (Zwickau): 96,
Wolf, Karl (Zwickau-Marienthal): 40 u., 41, 89, 90.

Alle anderen Fotos gehören zur Sammlung Norbert Peschke (Zwickau-Cainsdorf).

Diese Ansichtskarte aus dem Jahre 1899 zeigt den Lichtentanner Ortsteil Brand aus Richtung Westen und den Brander Gasthof, der damals Adolf Bräutigam gehörte. (1899)

1

Die Geschichte Marienthals

Die Entwicklung vom Bauerndorf zum Stadtteil

Die Gründung des Waldhufendorfes Marienthal durch das Kloster Bosau dürfte auf das Ende des 12. Jahrhunderts zu datieren sein. An der Marienkirche in Osterweih tätige Mönche sollen die neue Rodung nach Maria, der Schutzheiligen ihrer kleinen Kapelle, benannt haben.

Marienthal, das etwa drei Kilometer westlich des Stadtzentrums von Zwickau liegt, unterstand dem Kloster Bosau in Zeitz. Ritter Ludwig von der Planitz wollte sich Teile des Ortes gewaltsam aneignen. Der Klosterabt wandte sich deshalb hilfesuchend an den deutschen Kaiser Heinrich VI. (1165–1197), der die Rechte des Klosters wieder herstellte. Er ließ darüber am 8. Dezember 1192 in Merseburg eine Urkunde ausfertigen. Sie ist der älteste schriftliche Nachweis über die Existenz von Marienthal und Planitz. In dieser Urkunde fand Marienthal erstmals als „villa que vallis sancte Mariae nuncupatur“ Erwähnung.

Am 11. Mai 1212 wurde zwischen dem Meißener Markgrafen Dietrich dem Bedrängten (1162–1221) und dem Bosauer Abt Andreas ein Vergleich geschlossen, den der Naumburger Bischof Engelhard († 1242) vermittelte. In dieser Urkunde ist u. a. auch Marienthal erwähnt, das jetzt nach der Beilegung des Streits zu Zwickau (und damit dem Markgrafen) gehörte. Letzterer übergab Marienthal dem Kloster Eisenberg. Im Jahre 1348 ist die Schreibweise Meriental, sechs Jahre später Mergental und im Jahre 1530 Mergenthall nachgewiesen. Erst ab 1590 sollte sich der Name Marienthal endgültig durchsetzen.

Im 13. Jahrhundert schenkten die Brüder Hermann V., Graf von Lobdeburg-Elsterberg (etwa 1235–1273) und Graf Otto IV. von Lobdeburg-Arnshaugk († 1289) dem Zisterzienser-Nonnenkloster Eisenberg, das im Jahre 1217 aus den verlegten Klöstern Camburg und Zwickau gegründet worden war, 20 Lehen, die sich westlich von Zwickau befanden. Am 12. Juli 1258 bestätigte der Meißener Markgraf Heinrich III. (um 1215–1288) in einer Urkunde diese Schenkung. Im Jahr 1360 wechselten zusätzlich zwei Hufen und ein Lehen aus Marienthal in den klösterlichen Besitz. Bis zur vollständigen Säkularisierung des Klosters Eisenberg (1529) blieb Marienthal ein Eisenberger Klosterlehen.

Am 14. Januar 1430 schlossen die etwa 7.000 Hussiten unter Prokop Andreas Holy (um 1380–1434) Zwickau ein und belagerten die wehrhafte Stadt. Am 19. Januar 1430 wurde Marienthal von den umherziehenden Hussiten zerstört. Letztere hatten die Belagerung Zwickaus ergebnislos aufgeben müssen und bei ihrem Abzug in Richtung Plauen aus Rache u. a. die Orte Osterweih, Marienthal, Pölbitz und Weißenborn in Brand gesteckt. Das gleiche Schicksal mussten die Bewohner noch einmal im Jahre 1547 während des Schmalkaldischen Krieges (1546/47) erdulden. Am 15. Januar 1547 besetzte Herzog Moritz (1521–1553, ab 1547 Kurfürst von Sachsen) mit 300 Reitern die Stadt Zwickau. Er ließ böhmische Hakenschützen und ein Reitergeschwader als Besatzung zurück. Diese errichteten ein Schreckensregime. Die Zwickauer Bürger mussten ihre Stadt verlassen. Sie wandten sich nach Schneeberg, wo sie aufgenommen wurden. Ende Januar brannten die Truppen des Herzogs Moritz von Sachsen zahlreiche Bauerngüter und Häuser der Vorstädte und umliegenden Dörfer, darunter auch 31 Bauernhöfe in Marienthal, nieder.

Am 8. März 1552 kamen infolge eines Handels zwischen dem Zwickauer Rat und Kurfürst August (1526–1586) 32 Güter in Marienthal von der Stadt Zwickau unter die vollständige Gerichtsbarkeit des kurfürstlichen Amtes. Der Kurfürst gab dafür seine neu errichtete Zwickauer Schlossmühle mit ihrem gesamten Zubehör her. In Marienthal lebten damals insgesamt „33 besessene Mann (bäuerliche Hufenbesitzer), sechs Gärtner (Hauseigentümer mit Gartennahrung) und 34 Inwohner" mit ihren Familien.

Gelegentlich wurde Marienthal von Unwettern und Feuersbrünsten heimgesucht. Am 7. Juni 1593 erschlug ein Blitz einen Knecht und zwei Pferde, bald darauf ein zweiter Blitz eine Kuh im Stall. Ein weiteres schweres Unwetter ereignete sich am 22. Juni 1627. Der starke Regen ließ den Marienthaler Bach über die Ufer treten. Die Wassermassen suchten sich ihren Weg durch Brückners Vorwerk und zerstörten bis zum Dorf Pölbitz alle Stege. Am 6. Oktober des gleichen Jahres legte ein Feuer drei Bauerngüter in Asche.

Besonders schlimm erging es den Marienthalern jedoch im Dreißigjährigen Krieg (1618–1648), als der kaiserliche Oberstleutnant Abraham Schönnickel am 27. Oktober 1634 das Dorf aus Rache anzünden ließ. Er hatte zuvor die Stadt Zwickau ergebnislos belagert. Das Schicksal Marienthals teilten beim Abmarsch der Kaiserlichen nach Böhmen auch Schedewitz, Bockwa, Oberhohndorf, Reinsdorf, Vielau und Pöhlau. Zwei Jahre später hausten die Polen und Tataren hier, und 1640 verhielten sich auch die mit Sachsen verbündeten Schweden unter Hans Christopher Graf von Königsmarck (1600–1663) kaum besser.

Am 30. August 1758 richteten die Brände in Marienthal großen Schaden an. Elf Güter, darunter vier Stadtgüter, waren davon betroffen und brannten zum Teil vollständig nieder. Am 29. Mai 1798 zog ein Unwetter über Lichtentanne, Marienthal, Planitz und Bockwa, das vor allem die Felder verwüstete. Es wird berichtet, dass man einzelne Hagelkörner „von 1 Pfund und drüber" fand.

Am 25. Mai 1830 tobte gegen 16 Uhr ein heftiges Unwetter. Der Hagel vernichtete das Winterkorn und zerschlug alle südwestlichen Fenster der Häuser. Auch die Orte Königswalde, Ober- und Niederplanitz sowie Vielau waren davon betroffen. Solche Ereignisse hatten für die Einwohner, die meist über gar keine oder nur geringe Geldreserven verfügten, erhebliche wirtschaftliche Auswirkungen.

Warum der Windberg als Hinrichtungsstätte auserkoren wurde, ist nicht überliefert. Die Chronik berichtet aus dem Jahre 1746, dass dort zwei Galgen und fünf Räder standen. Am 7. September dieses Jahres wurde ein Deserteur gehenkt, zwei Tage später ein Dieb. Am 29. Mai 1747 erhielt „ein berüchtigter Räuber, der sogenannte Leyergörge, seinen Lohn am Galgen".

Am 15. Dezember 1823 fand auf dem Windberg die letzte Hinrichtung statt. Der Soldat Karl Heinrich Friedrich aus Neustädtel bei Schneeberg hatte seine Pflegeeltern, den Fleischhauermeister Christian Gottfried Friedrich und dessen Ehefrau Sophie Elisabeth, ermordet und war deshalb zum Tode verurteilt worden. Eine große Menschenmenge wohnte der Exekution bei, die ein Scharfrichter aus Plauen ausführte. Der Körper wurde auf das Rad geflochten und der Kopf auf einen Pfahl genagelt. Der Aberglaube in der Bevölkerung, die Gegenstände des Hingerichteten seien glückbringend und würden Gauner vor der Verhaftung bewahren, führte dazu, dass die Kleidung zerrissen und die Finger und Zehen des Toten abgeschnitten wurden. Deshalb beerdigte man den halb verwesten Körper am 9. Januar 1824 außerhalb eines Friedhofs. In der Nacht zum 25. April des folgenden Jahres 1825 wurden auch der Schädel und das Rad gestohlen.

Langsam erholte sich Marienthal von den in den Kriegen zugefügten Schäden. Im Jahre 1764 zählte das Dorf 36 besessene Mann, zwei Gärtner und 33 Häusler (Hauseigentümer ohne Feldbesitz) mit ihren Familien, Knechten und Mägden. Sie bewirtschafteten eine landwirtschaftliche Fläche von etwa 21,3 Hufen zu je 24 Scheffel (etwa 14,15 Hektar). In August Schumanns „Vollständigem Staats-, Post- und Zeitungslexikon von Sachsen" wird um 1820/28 von 101 Häusern und etwa 600 Einwohnern berichtet. Davon gehörten 39 Häuser und 240 Einwohner zum Amt Zwickau, 310 Einwohner zum Rittergut Marienthals, drei Häuser zum Rittergut Obersteinpleis und ein Haus (die Waldschänke) zum Rittergut Niedersteinpleis.

Wahrscheinlich erhielten die Kinder, wie es damals üblich war, in der Kantorenwohnung Unterricht, denn es gab noch kein Schulgebäude. Der erste Lehrer, namens Spieß, nahm seinen Unterricht im Jahre 1591 auf. Im Jahre 1783 ließ der Zwickauer Rat eine Kirchschule bauen. Dieses Schulgebäude wurde im Juli 1901 abgebrochen, da es die Ansicht der neu erbauten Pauluskirche störte.

Um 1860 lebten in Marienthal in 114 Gebäuden 1.076 Einwohner. In diesem Jahr wurde auch das zweite Schulhaus errichtet. Da sich die Bevölkerung wegen der industriellen Entwicklung in der Zwickauer Region durch Zuzug rasch vermehrte, musste das Gebäude, in dem sich auch die Wohnungen des Kirchschullehrers und des Hausmannes befanden, bereits neun Jahre später durch Anbau vergrößert werden. Das dritte Schulhaus wurde im Jahre 1877 errichtet und sieben Jahre später ebenfalls baulich erweitert. Eine befriedigende Lösung für das Schulwesen in Marienthal erreichte man allerdings erst im Jahre 1890, als das vierte Schulhaus eingeweiht werden konnte. Für die Ortsschulaufsicht, die bis 1886 noch der Ortspfarrer ausübte, war nun ein Schuldirektor verantwortlich. Die Zahl der Schüler erhöhte sich von 144 (im Jahre 1841) über 550 (1881) auf 1.340 (1901).

Nach dem im Jahre 1866 erschienenen „Führer durch Zwickau und seine Umgebungen" soll sich eine Wanderung nach Marienthal lohnen. Sie wird folgendermaßen beschrieben:

„Nun wird es aber wohl Zeit werden, dass wir nach Marienthal kommen; gehen wir den Fußweg wieder zurück (von der Zwickauer Glashütte für Spiegel- und Fensterglas an der heutigen Güterbahnhofstraße) und dann den Wiesensteig immer längs des Bächleins (Marienthaler Bach) aufwärts. Wie vergnüglich das kleine Bächlein plaudert und heftig eilet, als wenn es noch wer weiß wie weit wollte, während es doch schon nach wenigen Minuten in der Mulde verschwindet. Grüne Wiesen rechts und links, die aus hohen Büschen und Bäumen bestehende Einsäumung des Bächleins, sowie die vielen von schönen Obstgärten umrahmten Güter des Dorfes, bieten dem Auge wohlthuende Ruheplätze. Hier und da weidet auch ein Knabe seine breitgestirnten Rinder, die uns bedauerlich anstieren, weil wir ihr herbstliches Leibgericht nicht theilen. Marienthal ist ein ziemlich langes Dorf. Seine Bewohner leben vom Ackerbau und betrieben früher auch vielfach die Weberei, welche aber der Bergbau jetzt ganz verdrängt hat. Nachdem wir eine große Strecke zur Seite des Dorfes gewandert sind, gelangen wir endlich ins Innere desselben und dringen sofort bis zum neuen Gasthof vor. Dieser zeigt sich als ein stattliches Gebäude, zu welchem man sicherlich in Sachsens Dörfern keinen zweiten findet. Wenn erst die Gartenanlagen werden vollkommen im Stande sein und die jungen Bäume mehr Schatten geben, dann wird diese Restauration jedenfalls ein Lieblingsplätzchen der Zwickauer Natur- und Freiheitsfreunde werden. Wir wollen aber die letzten Strahlen der Abendsonne noch nutzen, um auf einer nahen Höhe, dem sogenannten Windberge, unsern Ausflügen einen würdigen Abschluß zu geben. Ein gangbarer Feldweg führt uns in gerader Richtung dahin. Auf dem höchsten Punkte des Berges angekommen, lassen wir unseren Blick in die Ferne schweifen und siehe, noch einmal liegt das Muldenthal wie ein Garten Gottes vor Dir ausgebreitet; noch einmal siehst Du die alte Schwanenstadt mit ihrer ganzen herrlichen Umgebung vor Dir. Wahrhaftig! Es ist dies ein Bild, so recht geeignet, unsere Wanderungen in der Umgebung Zwickaus mit der größten Befriedigung zu beschließen und ihrer auch noch in der Ferne in Liebe zu gedenken.“

Am 1. September 1900, am Vorabend des sogenannten Sedan-Tages, weihten der Zwickauer Oberbürgermeister Karl Johann Keil (1861–1920) und viele Ehrengäste auf dem Windberg die Bismarck-Feuersäule, meist kurz Bismarcksäule genannt, ein. Am 2. September 1870 hatte das französische Heer im Deutsch-Französischen Krieg nach der Schlacht bei Sedan vor den deutschen Armeen kapituliert. Der französische Kaiser Napoleon III. (1808–1873) wurde von den Preußen gefangen genommen. Der preußische Ministerpräsident, Graf Otto von Bismarck (1815–1898), hatte nach diesem Sieg wesentlich dazu beigetragen, dass in Versailles das 2. Deutsche Reich als einheitlicher deutscher Nationalstaat gegründet wurde. Der preußische König Wilhelm I. (1797–1888) wurde am 18. Januar 1871 in Versailles zum Deutschen Kaiser gekürt.

Den Bau der 13 Meter hohen Säule hatte der Erzgebirgszweigverein Zwickau, dessen Vorstandsvorsitzender Prof. Dr. Fritsche (1850–1905) war, gefördert. Am 31. März 1900 fand die Grundsteinlegung für das vom Architekten Ernst Kühn (1859–1943) entworfene Denkmal statt. Von 1907 bis 1929 lehrte Kühn als Professor für die Konstruktion landwirtschaftlicher Bauten an der Technischen Hochschule Dresden. Die Bauarbeiten führte der Baumeister und Dampfziegeleibesitzer Emil Selbmann (Reichenbacher Straße 117/119) aus. Auf dem zweietagigen quadratischen Sockel aus Fichtelgebirgsgranit (7 m x 7 m) erhob sich die Säule. Auf ihr befand sich eine gusseiserne Schale von 3,5 Metern Durchmesser und 1,5 Metern Höhe, die auf vier gusseisernen Kugeln gelagert war. Die Metallteile lieferte die Königin-Marien-Hütte Cainsdorf. Die Kosten für die Säule beliefen sich auf etwa 16.000 Mark. Auf ein Relief des ehemaligen Reichskanzlers Bismarck wurde aus unbekannten Gründen verzichtet.

Es bestand die Idee, beispielsweise zur Sonnenwendfeier oder zum Sedan-Tag in dieser Schale ein Feuer mit Holz und Pech anzuzünden und zu betreiben. Durch eine kleine Tür an der Südseite konnte die Bismarcksäule betreten und innen über eine Leiter bestiegen werden.

Die Deutsche Studentenschaft regte an, auf dem Turmkopf aller Bismarcksäulen Feuerschalen zu installieren. In ihnen sollten an bestimmten Tagen zu Ehren des ehemaligen Reichskanzlers und eigentlichen Reichsgründers (1871) – gleich einem Netzwerk – in ganz Deutschland Feuer brennen und in den Menschen ein patriotisches Gefühl wecken, wenn sie in ihrer Umgebung auf anderen Türmen (z. B. in Glauchau oder auf dem Kuhberg) weitere derartige Feuer sahen. Die Marienthaler Säule wurde Ende 1963 oder 1964 gesprengt und abgetragen. Den SED-Funktionären, die die Anweisung zum Abbruch erteilten, waren diese patriotischen Gedankengänge von der Bismarckverehrung und der Einheit Deutschlands, die zum Bau der Feuersäulen führten, fremd. Während der Sprengung wurden einige, unterhalb in einer Gartenanlage stehende Gartenlauben beschädigt. Ein Teil der Steine wurde übrigens 1965 zum Bau des August-Bebel- und des Martin-Hoop-Denkmals verwendet.

Die Gemeinde Marienthal stellte am 2. Juli 1895 an den Oberbürgermeister der Stadt Zwickau, Karl Keil (1861–1920), den Antrag auf Eingemeindung nach Zwickau. Nach einem abschlägigen Bescheid konnte die Gemeinde nach einem zweiten Antrag, der im November 1900 gestellt wurde, am 1. März 1901 den Vertrag zur Einverleibung Marienthals abschließen. Die Genehmigungserteilung durch die Königlichen Ministerien erfolgte am 30. Juni 1902. Am 1. Oktober 1902 erfüllte sich schließlich der Wunsch der Marienthaler Einwohner – sie wurden Zwickauer Stadtbürger. Die Stadt Zwickau vergrößerte sich um 6.737 Einwohner und um eine Fläche von 762 Hektar. Die Marienthaler wohnten zu dieser Zeit in 365 Häusern mit 1.483 Haushaltungen, darunter waren 37 Bauern- und 17 Gartengüter (Stand 1900). Die Miteinbeziehung des selbstständigen Rittergutsbezirkes Marienthal konnte nicht erreicht werden. Allerdings wurden einige Grundstücke, die zu Steinpleis gehörten (z. B. die Waldschänke) nach Zwickau eingemeindet.

Die Marienthaler zeigten zu den „Einverleibungsfeierlichkeiten" am 1. und 2. Oktober ihre Freude, indem sie zahlreiche öffentliche und private Häuser beflaggten. Im Gemeindeamt wurden alle Gemeindebeamten, die in den Dienst der Stadt übernommen wurden, vom Zwickauer Oberbürgermeister Karl Keil per Handschlag verpflichtet und vereidigt. Der Oberbürgermeister hielt eine Ansprache, in der er u. a. bekannt gab, dass „das Ratskollegium in Anerkennung der langjährigen und ersprießlichen Dienste des Gemeindevorstehers Olzmann bei der Neubenennung einiger Marienthaler Straßen einer derselben, der Planitzstraße, den Namen Olzmannstraße" gegeben habe. Danach läuteten die Glocken der Pauluskirche. In der Turnhalle der Bürgerschule gelobte das Lehrerkollegium „treue Pflichterfüllung". Sowohl im Gasthof „Zur Krone" als auch im Gasthof „Marienthal", in denen „Einverleibungs-Kommerse" und Musikaufführungen für die Gemeindeangehörigen stattfanden, wurde die Eingemeindung gefeiert. Dem sächsischen König Georg (1832–1904) und dem sächsischen Innenminister Georg von Metzsch-Reichenbach (1836–1927) schickte Karl Keil Huldigungstelegramme, die auch beantwortet wurden. König Georg dankte: „Ich danke den Alt- und Neuzwickauern herzlichst für das Gelöbnis unwandelbarer Treue." Und der Innenminister schrieb: „Möge die Erweiterung des Gemeinwesens der alten Kreisstadt zum Segen gereichen."

Mit der Einverleibung Marienthals nach Zwickau verbanden sich einige Vorteile. So wurde beispielsweise die Straßenbahnlinie, die bis zur Zwickauer Westvorstadt (Endhaltestelle Luisenstraße) fuhr und auch Gäste zum „Etablissement Lindenhof" brachte, bis zum Gasthof „Marienthal" verlängert. Außerdem verlegte man Schleusen zum Abführen des Schmutzwassers. Als im Jahre 1902 die Eingemeindung vollzogen war, gab es bezüglich der Straßennamen zwischen Marienthal und Zwickau etliche Namensdopplungen. Außerdem würdigte der Zwickauer Rat das verdienstvolle Wirken Ernst Louis Olzmanns mit der Umbenennung der damaligen Planitzstraße in Olzmannstraße. Die Durchnummerierung aller Häuser des Ortes wurde zugunsten einer straßenweisen Nummerierung (links ungerade, rechts gerade) nach dem Zwickauer Vorbild aufgegeben. In Marienthal änderten sich folgende Straßennamen:

Straßenname 1900	**Straße mit Umbenennungsjahr**
Bachstraße	Hoferstraße (1902)
Heinrichstraße	Witzlebenstraße (1902) / Julius-Seifert-Straße (1947)
Karlstraße	Herzogstraße (1902) / Emil-Herzog-Straße (1971)
Königswalder Straße	Königswalder Straße (Teil) / Heinrich-Braun-Straße (Teil 1928)
Moritzstraße	Pestalozzistraße (1902) / Mörikestraße (1946)
Nordstraße	Gutenbergstraße (1902)
Planitzstraße	Olzmannstraße (1902)
Richardstraße	Döhnerstraße (1902)
Ritterstraße	Ritterstraße / Rittergutstraße (1944) / Erntestraße (1971)
Schulstraße	Paulusstraße (1902)
Weststraße	Waldstraße (1902)
Zwickauer Straße	Marienthaler Straße (1938)

Ernst Louis Olzmann wurde am 5. Dezember 1838 in Marienthal als jüngstes von neun Kindern geboren. Zuerst erlernte er den Beruf eines Webers. Außerdem engagierte er sich in der Kommunalpolitik seines Geburtsortes. Vom April 1875 bis Ende September 1902 füllte Ernst Louis Olzmann das Amt des Gemeindevorstehers, aber auch die Funktionen eines Standesbeamten, Orts- und Friedensrichters aus. Außerdem fungierte er als Lokal-, Steuer- und Schlachtsteuereinnehmer, Sparkassenverwalter und als Vorsitzender des Schulausschusses. Das Gemeindeamt und seine Wohnung befanden sich in der Marienthaler Straße 128 (bis 1902 Zwickauer Straße 37C, später Nr. 52). Das Haus wurde im Jahre 1961 abgebrochen. Ernst Louis Olzmann war der letzte Gemeindevorsteher des Dorfes Marienthal. Seine Tätigkeit war schon damals als sehr erfolgreich bezeichnet worden, sodass er mehrfach in seinem Amt bestätigt wurde. Der Bau der Pauluskirche und die von der Gemeinde Marienthal gewünschte Eingemeindung nach Zwickau waren entscheidend seiner Initiative zu verdanken. Am 23. März 1920 verstarb Louis Olzmann nach einem arbeitsreichen Leben im Alter von 81 Jahren.

Der Stadtteil Marienthal bestand zur Zeit der Eingemeindung aus zahlreichen alten Bauernhöfen und bis zu zweietagigen Mietshäusern. Von den Bauern und Gutsbesitzern finden sich in den Adressbüchern von 1904 bis 1948 folgende Anschriften:

- Dämmrich, Hermann, Königswalder Straße 16,
- Falke, Hermann, Zwickauer Straße 47B abs. (Hoferstraße 42),
- Meisters Erben / Hartmann, Robert, Bernhardstraße 3 (Gutspächter),
- Heinrich, Eugen, Augustusstraße 7,
- Heinrich, Paul, Zwickauer Straße 7/9 (Marienthaler Straße 85/87, auch Kiesgrube),
- Kästner, Kurt, Zwickauer Straße 23A (Marienthaler Straße 107),
- Kästner, Paul / Schwarzenberger, Johannes, Zwickauer Straße 90 (Marienthaler Straße 170),
- Künzel, Klara / Künzel, Kurt, Zwickauer Straße 61B abs. (Marienthaler Straße 163 abs.),
- Meister, Wilhelm / Meisters Erben, Olzmannstraße 16,
- Müller, Martin, Waldstraße 2 (Stadtgutpächter),
- Pfeifer, Emils Erben / Pfeifer, Max, Zwickauer Straße 86 (Marienthaler Straße 166),
- Pfeifer, Friedrich / Städtischer Wohnungsbau, Zwickauer Straße 69 (Marienthaler Straße 187, Gutspächter, Gut abgebrochen),
- Proß, Richard / Proß, Richards Erben, (Windbergstraße 1, auch Ziegeleibesitzer),
- Proß, Selma / Schumann, Oswin / Schumann, Klara (Pächter), Zwickauer Straße 59A (Marienthaler Straße 157, Gutpächter),
- Quellmalz, Richard / Gröber, Fritz, Waldstraße 11,
- Riedel, Alfred, Südstraße 29 (Südblick 29),
- Schneider, Karl, Südstraße 27 (Südblick 27),
- Schumann, Elisabeth / Hölig, Max, Zwickauer Straße 63 (Marienthaler Straße 171),
- Schumann, Emil, Heinrich-Braun-Straße 37,
- Schumann, Kurt, Waldstraße 7 (Gut abgebrochen),
- Schumann, Richard, Zwickauer Straße 82 (Marienthaler Straße 162),
- Schwarzenberger, Lina / Schwarzenberger, Paul, Waldstraße 5 (Stadtgutpächterin),
- Singer, Erichs Erben, Zwickauer Straße 61A abs. (Marienthaler Straße 155 abs.),
- Tetzner, Oswin, Zwickauer Straße 80 (Marienthaler Straße 160),
- Thümmler, Hugo / Schwarzenberger, Paul, Waldstraße 8 (Stadtgutpächter),
- Thümmler, Kurt, Heinrich-Braun-Straße 18 (abgebrochen),
- Trampel, Meta, Zwickauer Straße 23 (Marienthaler Straße 105, unbewohnt),
- Ulbrich, Paul, Zwickauer Straße 2 (Marienthaler Straße 76, Stadtgutpächter),

- Proß, Richard / Wappler, Bruno / Backmann, Iwan (Gutspächter), Zwickauer Straße 84, (Marienthaler Straße 164),
- Winter, Ottomar / Winter, Helmut, Zwickauer Straße 19 (Marienthaler Straße 99),
- Zill, Richard, Waldstraße 4 (Stadtgutpächter).

Die Bauern vereinigten sich – ob freiwillig oder gezwungenermaßen – in der 1961 neu entstandenen Landwirtschaftlichen Produktionsgenossenschaft (LPG) Obstbau Marienthal. Auf etwa 400 Hektar wurden nun Obst und Gemüse angebaut. Nach der Auflösung der LPG gründete sich am 28. November 1991 die Agrarverwaltung Marienthal GmbH, die vier Tochtergesellschaften hatte: die Obst- und Gemüseproduktion GmbH (auf 80 ha Apfel-, Kirschen-, Erdbeer- und Himbeeranbau), die Fruchthof Marienthal GmbH (Einzelhandel), die Baugesellschaft Marienthal GmbH (Bausanierung, Innenausbau) und die Renault-Autocenter GmbH Marienthal (Autohaus mit Werkstatt).

Der städtische Charakter Marienthals zeigte sich am ehesten längs der Zwickauer Straße (ab 1938 Verlängerung der Marienthaler Straße). Im Jahre 1891 ließ Karl Gläser den Gasthof „Zur Krone" erbauen (Zwickauer Straße 31/33, ab 1938 Marienthaler Straße 119/121). Am 1. Oktober 1938 eröffnete Gustav Heidholz in diesem Gebäude mit dem Spielfilm „Zauber der Bohème" das Kino „Marienthaler Lichtspiele", kurz MALI genannt. Das Kino mit 450 Sitzplätzen war bis zum 31. Januar 1979 in Betrieb. In den 1930er-/40er-Jahren war in diesem Gebäude auch das Ernährungs- und Wirtschaftsamt der Stadt Zwickau untergebracht. Der Anbau mit dem Saal wurde im Jahre 1988 abgebrochen.

In den 1920er-Jahren herrschte in Zwickau große Wohnungsnot. In Marienthal standen freie Bauflächen in einer gesunden, d. h. industriearmen, feld- und waldreichen Umgebung zur Verfügung. Folgende Baugesellschaften errichteten neue Wohnhäuser:

- Siedlungs-Baugenossenschaft am Krankenstift (1920–1992, in der Friedrich-Staude-Straße),
- Eisenbahner-Baugenossenschaft mbH (1910–1981, u. a. in der Bülaustraße, Witzlebenstraße),
- Gemeinnützige Baugenossenschaft Selbsthilfe eGmbH (1930–1943, in der Friedrich-Staude-Straße, Steinpleiser Straße),
- Stadtgemeinde Zwickau GmbH (in der Karl-Keil-Straße, Hoferstraße),
- Wohnungsbau des Zwickauer Handwerks eGmbH (in der Steinpleiser Straße, Karl-Keil-Straße).

Am 17. Juli 1926 waren die ersten sieben Doppelwohnhäuser am Kameradenweg (jetzt Platanenweg) im Rohbau fertig. Sie entstanden mit Hilfe der Siedlergruppe im Reichsbund der Kriegsbeschädigten und Hinterbliebenen von Kriegsteilnehmern, Ortsverband Zwickau. Schon zwei Jahre später folgten Doppelwohnhäuser am Kastanienweg und am Ulmenweg. Zwischen 1933 und 1942 wurden Siedlungshäuser am Ahornweg, an der Heinrich-Braun-Straße, an der Werdauer Straße und am Ulmenweg erbaut. Die sogenannte Kameradensiedlung wurde nach dem Zweiten Weltkrieg in Freiheitssiedlung, dann wieder in Kameradensiedlung und um 1970 schließlich in Windbergsiedlung umbenannt. Auch in der DDR wurde ab 1972 der Eigenheimbau gefördert. Es kam vor allem zu Lückenbebauungen an der Werdauer Straße und an der Heinrich-Braun-Straße (vor allem am Renatusberg, nach dem in der Nr. 109 wohnenden Oberlehrer Alfred Renatus im Volksmund so benannt).

Während der NS-Zeit, vor allem zwischen 1936 und 1938, wurden derartige Häuser mit staatlicher Förderung auch am Herbert-Norkus-Weg (nach 1945 Robert-Koch-Straße), am Bar-

barossaweg (Martin-Hoop-Weg), am Siegfriedweg (Thomas-Münzer-Straße), am Nibelungenweg (Florian-Geyer-Weg), am Walküreweg (Bundschuhweg) und am Tannhäuserweg errichtet. Das Gelände mit diesen Straßen wurde offiziell als „NS-Siedlung Marienthal" (im Volksmund „SA-Siedlung") bezeichnet. Hier sollen vorwiegend NSDAP- und SA-Mitglieder gebaut haben. Zwischen 1933 und 1938 entstanden insgesamt 222 derartige Siedlungshäuser.

Der Platz zwischen Karl-Keil-Straße und der abzweigenden Steinpleiser Straße entstand beim Bau dieser beiden Straßen praktisch automatisch. Im Jahre 1933 benannte die nationalsozialistisch beeinflusste Stadtverwaltung diesen noch namenlosen Platz nach dem ermordeten Berliner SA-Sturmführer Horst Wessel (1907–1930). Der Pfarrersohn war von einem KPD-Mitglied erschossen worden (die KPD wies aber jede Schuld von sich), worauf der Berliner Gauleiter Joseph Goebbels diese Tat propagandistisch nutzte. Nach dem Kriegsende wurde der Name des Platzes sofort in Virchowplatz umgeändert. Der berühmte Arzt Prof. Dr. Rudolf Virchow (1821–1902) begründete u. a. die mikroskopische pathologische Anatomie. Bei den Wohnhäusern Virchowplatz 1, 1A, 3, 5, 7, 9, 11 und 13 handelt es sich um Wohnhäuser der Städtischen Wohnungsbau GmbH in der Parkstraße 4, heute GGZ mbH. Die Nummer 9, ein markantes fünfetagiges Gebäude, überragt die anderen Bauten deutlich.

Der Zweite Weltkrieg hinterließ auch in Marienthal seine Spuren. Am 12. Mai 1944 war der Flugplatz mit dem Flugzeugreparaturbetrieb G. Basser das Ziel von 74 amerikanischen Bombern. Am 28. Mai erfolgte ein weiterer Angriff. Am 7. Oktober 1944 wurde neben den Auto-Union-Werken auch wieder das Basser-Werk angegriffen. Am 19. März 1945 kam es zum größten amerikanischen Luftangriff auf Zwickau. Im Stadtteil Marienthal hielten sich die Schäden in Grenzen. Hier wurden die Alte Schule am Pauluskirchplatz, die Häuser Marienthaler Straße 165, Olzmannstraße 71, Reichenbacher Straße 123 und 148A zerstört oder schwer beschädigt.

Am 17. April 1945 setzten Truppen der 89. US-Infanteriedivision, die zur 3. US-Armee unter dem Viersternegeneral George S. Patton gehörten, zum Sturm auf die Stadt Zwickau an. Um 8 Uhr löste der Zwickauer Kampfkommandant, Oberstleutnant Welde, die Alarmstufe III (Panzeralarm / Feindalarm) aus. An der Werdauer Straße, Höhe „Café Fernblick", lagen links und rechts der Straße zwei Züge Volkssturm, ein Zug der Genesendenkompanie und das selbstständige Panzerjagdkommando des Feldwebels Schnabel. Letzteres setzte sich aber bald nach Hartenstein ab. Zwei weitere Stellungen gab es weiter östlich. Die erste Stellung mit einem Zug Volkssturm befand sich am Rande der Wohnbebauung (westlich der „Alberthöhe" und Villa Oswald). Die zweite Stellung mit einer Gruppe Rekruten wurde unterhalb des Windbergs, in Höhe des Hausgrundstücks Werdauer Straße 146, angelegt. Oberhalb der Gartenanlage „Am Waldparkweg" ging die selbstständige Kampfgruppe des Feldwebels Frosch in Stellung. Diese kampferfahrenen Soldaten verhielten sich ruhig und schlugen sich in Zivil bald in ihre Heimat durch.

Die Amerikaner begannen mit dem Angriff. Die Rekrutengruppe, die unterhalb des Windberges in Stellung lag, eröffnete mit einem Maschinengewehr das Feuer auf die die Panzer begleitende amerikanische Infanterie. Sofort setzte der massive amerikanische Beschuss ein. Die chancenlose Rekrutengruppe hatte drei Tote und mehrere Verwundete zu beklagen. Nach dem Schusswechsel verharrten die Amerikaner und schickten einen gefangenen Soldaten zur Kaserne mit der Aufforderung, bis 14 Uhr zu kapitulieren, sonst käme es zum Einsatz der Artillerie und der Schlachtflugzeuge.

Ein Zug Volkssturm und ein Zug der Genesendenkompanie befanden sich im Bereich Karl-Keil-Straße/Brander Weg. Hier starb infolge eines Schusswechsels ein Soldat.

Im Ortsteil Maxhütte, im zerbombten Gelände des Flugzeugreparaturwerkes Basser, kam es noch einmal zum Schusswechsel mit einer Volkssturmeinheit, die sich hauptsächlich aus Werkangehörigen zusammensetzte. Die Volkssturmmänner hatten sich in den Bunkern, Ruinen und Bombentrichtern verschanzt. Sie waren mit ausgebauten Flugzeug-MG und Panzerfäusten ausgerüstet. Der Kampf dauerte nicht lange, forderte aber auf deutscher Seite drei Tote und zwei Verwundete.

Die in der Kaserne verbliebenen Offiziere stimmten in einer Beratung für die Kapitulation Zwickaus. Stadtkommandant Welde lehnte vormittags, vom ehemaligen Rathaus Oberhohndorf aus kommandierend, eine telefonische Aufforderung zur Kapitulation ab, erkannte aber die Ausweglosigkeit der Lage, ging in den Hof und erschoss sich.

Die US-Truppen bewegten sich entlang der Werdauer und der Marienthaler Straße auf das Stadtzentrum zu. Gegen 13.30 fuhr der Englisch sprechende Hauptmann Hesse, Lehrer an der Deutschen Oberschule (heute Käthe-Kollwitz-Gymnasium), mit einem Kübelwagen und einer weißen Fahne von der Kaserne zu den Amerikanern. Parallel dazu erging der Befehl: Feuer einstellen und auf den öffentlichen Gebäuden weiße Fahnen hissen.

Zwischen 14 und 15 Uhr rückten die amerikanischen Kampfverbände auf allen Hauptstraßen immer näher auf das Stadtzentrum vor. Bis spätestens 17 Uhr war im Stadtgebiet Ruhe eingezogen. Die amerikanischen Sherman-Panzer standen auf dem Hauptmarkt. Die meisten Deutschen atmeten auf, denn sie hatten ihr Leben gerettet.

Durch die Kriegsschäden und durch den Zuzug zahlreicher Flüchtlinge und Umsiedler, vor allem aus Schlesien, Pommern, aus dem „Sudetenland“ und aus dem „Protektorat Böhmen und Mähren“, verstärkte sich auch in Zwickau die Wohnungsnot. Deshalb sahen die Planungen in Marienthal, wo es noch viele freie Flächen und nur wenig Industrie gab, den Bau von Wohnsiedlungen vor. Im Jahre 1954 entstanden die ersten Gebäude mit 130 Wohnungen noch nach der herkömmlichen Bauweise „Stein auf Stein“. Im September 1956 konnte in der Jacobstraße 28 das erste Genossenschaftshaus bezogen werden. Zwischen 1961 und 1970 wurden dann von der Windbergstraße bis zur Martin-Andersen-Nexö-Straße, vom Robinienweg bis zum Rotdornweg 4.450 Wohnungen in den Typenbaubauweisen Q25 und Q6 errichtet. Ein großer Teil dieser Wohnungen wurde durch die Kommunale Gebäudewirtschaft (heute GGZ) und die Arbeiterwohnungsbaugenossenschaften (AWG) gebaut, die entsprechend den Trägerbetrieben zum Beispiel die Namen „Aufbau“ (Baubetriebe, 1956 gegründet), „Grubenlampe“ (Grubenlampenwerk, 1956 gegründet), „Reichsbahn“ (RAW, 1954 gegründet, jetzt WEWOBAU Zwickau), „Freundschaft“ (verschiedene Betriebe, Polizei u. a., 1957 gegründet) und „Steinkohle“ (Steinkohlenwerke, 1954 gegründet) trugen. Die Mitglieder dieser Genossenschaften, die entsprechend ihren Geschäftsanteilen Miteigentümer der Wohnung waren, führten z. B. auch Ausschachtungsarbeiten und Arbeiten an den Grünanlagen aus. Durch den Zuzug zahlreicher Familien aus anderen Stadtteilen nach Marienthal erhöhte sich die Einwohnerzahl bis zum Jahre 1990 auf 17.755 Einwohner, die in 9.302 Haushalten lebten.

Ziemlich ungeklärt ist die Geschichte des wüst gefallenen Waldhufendorfes Rappendorf, das sich im heutigen Stadtwald befand. Die ursprünglich dazu gehörigen vier Güter, 14 Lehen, drei Äcker und ein Garten haben nach einer Urkunde aus dem Jahr 1457 zu Marienthal gehört. Vom Namen eines der Besitzer, eines gewissen Reinhard von Rapp, wurde der Name des kleinen Dorfes hergeleitet. Der von den Marienthalern so genannte 18 Meter tiefe Böse Brunnen, der bereits in der Chronik von Tobias Schmidt (1656) so bezeichnet wurde, soll der Dorfbrunnen von Rappendorf gewesen sein. Obwohl Feld- und Waldbesitzer bei der Feldbestellung alte Steine und Gegenstände gefunden hatten, ergaben Grabungen im Jahre 1938 nur begrenzt aussagefähige Ergebnisse. Die aufgefundenen Brandreste von Gebäuden, Gefäßscherben und hölzerne Teile lassen die vermuten, dass das Dorf niedergebrannt ist.

Die Geschichte eines Raubschlosses gehört ohnehin in den Bereich der Legende. Der Historiker Curt Vogel schreibt im Zwickauer „Pulsschlag“ (März 1957) über eine vorhandene Befestigung im Dorf: „Kaum 20 m südwestlich vom Bösen Brunnen erhebt sich ein künstlich aufgetürmter Erdhügel, der ungefähr die Gestalt eines vierseitigen Pyramidenstumpfes hat, Seitenlänge der Grundfläche etwa 18–20 m der oberen Fläche 8 m, Höhe etwa 3–4 m. Dieser Erdturm ist durch einen (natürlich trockenen) 3 bis 5 m tiefen Spitzgraben vom ansteigenden Abhang abgetrennt. Gewiß haben einst noch Palisaden und Dornzaun oder Gebück die Annäherung verhindert. Auf dem Erdturm ragte ein aus Block- und Fachwerk errichteter mehrgeschossiger Wehrturm empor, mit überragendem Dachgeschoß. Hügel, Turm und Graben waren eine jener Befestigungen, mit denen sich vor 8 Jahrhunderten die deutschen Bauern schützten, als sie in unserer Gegend ihre Dorfstätten im wilden Urwald rodeten.“

Im Jahre 1504 war das Dorf auf jeden Fall schon eine Wüstung. Eine Hinweistafel wurde im Jahre 1953 angebracht.

Das Rittergut Marienthal

Wann das eigentliche Rittergut angelegt wurde, liegt im Dunkel der Geschichte. Erster privater überlieferter Eigentümer war der Landrentmeister Hans von Mergenthal († 1478), mit dem etwa 75 Hektar großen Rittergut beliehen, das sich östlich der heutigen Pauluskirche befand. Der Besitzer dieses Erblehnguts war persönlich frei und hatte das uneingeschränkte Nutzungsrecht an dem ihm überlassenen Grund und Boden, konnte es verkaufen, tauschen, verpfänden oder vererben. Er hatte dafür dem Grundherrn bestimmte Frondienste und Abgaben zu leisten.

Der Zwickauer Rat und der reiche Fundgrübner Martin Römer erwarben das Rittergut im Jahre 1478. Nach dem Tode Martin Römers († 1483) nahm der Zwickauer Rat das Dorf Marienthal und das Vorwerk für 40 Gulden in Gesamtlehn. Nach dem Aussterben des Römerschen Geschlechts fiel Marienthal im Jahre 1553 schließlich ganz an die Stadt Zwickau und wurde ein Amtsdorf. Der Zwickauer Rat verkaufte das Rittergut an Lucas Uthmann. So gab es mit der Stadt Zwickau und dem Rittergut zwei Grundherrschaften. Die Patrimonialgerichtsbarkeit wurde am 1. Januar 1846 an das Justizamt Zwickau abgegeben, d. h. das Rittergut hatte bis dahin seine eigene Gerichtsbarkeit.

In der Zeit bis 1920 wechselte das Rittergut mindestens 25 Mal den Besitzer:

bis 1478	Landrentmeister Hans von Mergenthal,
ab 1478	Martin Römer / Stadt Zwickau,
ab 1483	Niclas Römer / Stadt Zwickau,
ab 1553	Stadt Zwickau,
um 1567	Lucas Uthmann,
ab 1587	Obrist Hildebrand von Creutz auf Pölzig und Teuchern,
ab 1592	der sächsische Kurfürst,
ab 1605	der Augustusburger Amtsschösser Wolfgang Meyer,
ab 1651	Advokat Johannes David Richter,
ab 1667	Johannes Günther / Advokat Johannes Ernst Gramm
ab 1693	Johannes Günther / Advokat Johannes Ernst Gramm / Advokat Schuchard,
ab 1699	Kammersekretär Georg Gottlieb Fischer,
ab 1713	Rittmeister Abraham Wenzel,
ab 1741	Königl. Poln. und Kurfürstl. Obrist Johann Joachim Prewig,
ab 1744	Magister Johann Karl Döhler,
ab 1759	Alexander Heinrich Franke,

ab 1763	Herr von Milkau,	ab ca. 1895	Kohlenwerksbesitzer Ernst Kurt Kästner aus Bockwa
ab 1768	Johann Klopfer,	1909 (?)	Erben: Irmgard Olga Stauß geb. Kästner, Gertrud Schmelzer geb. Kästner,
ab 1771	der Leipziger Ratschirurg Johann Gottfried Bräuer,	ab 1918	Kommerz.-Rat Otto Schmelzer, Lichtentanne; Irmgard Olga Stauß, geb. Kästner,
ab 1782	Obristwachtmeister David Kraußе,	ab 1922	Kommerz.-Rat Otto Schmelzer,
ab 1793	Kammerjunker von Kutschenbach,	1925, 1. Juli	Aufteilung des Rittergutes (Stadt Zwickau und Lichtentanne).
ab 1801	Marie Dorothea von Hacke,		
ab 1814	Erdmann Friedrich Herrmann,	**Pächter:**	
ab 1817	Amtmann David Gottfried Fink,	bis 1907	Hermann Kretzschmar,
ab 1828	Advokat Heinrich Eduard Wunder,	bis 1910	Clemens Oscar Ehrlich,
ab 1831	Witwe Wunder, später verehelichte Kirchhof,	bis ca. 1925	Carl Georg Hermann Voigtländer-Tetzner
ab 1839	Porzellanfabrikant Christian Friedrich Fischer,		

Hinweise:

- Von 1667 bis 1699 scheint das Rittergut geteilt gewesen zu sein.
- wechselnde Anschriften: Marienthal 55 IX, Ritterstraße abseits, Hoferstraße 39, Hoferstraße 83.

Kommerzienrat Otto Schmelzer übernahm 1922 den Anteil der Schwägerin/Schwester Irmgard Olga Stauß. Am 31. Dezember 1918 war eine staatliche „Bekanntmachung über die Vereinigung der Rittergüter und Freigüter mit benachbarten Gemeinden" veröffentlicht worden, der Genüge getan werden musste. Im gleichen Jahr legte deshalb Otto Schmelzer der Amtshauptmannschaft Zwickau den unerwarteten Antrag vor, das südlich der Eisenbahnlinie Zwickau–Werdau liegende, unbewohnte Gebiet von 57 Hektar 94 Ar dem Rittergut Lichtentanne zuzuschlagen. Den nördlich gelegenen Teil von 16 Hektar 6 Ar, davon 5,78 Hektar Wald, könnte die Stadt Zwickau erhalten. Das ehemalige Marienthaler Rittergut sollte ein Vorwerk des Lichtentanner Rittergutes werden. Nach mehrjährigem Streit erzielten Otto Schmelzer, die Stadt Zwickau, die Gemeinde Lichtentanne und die beiden Amtshauptmannschaften Werdau und Zwickau eine vertragliche Einigung, die ab 1. Juli 1925 Gültigkeit besaß. Die Stadt Zwickau akzeptierte im Jahre 1927 für die Eingemeindung dieser Fläche einen Schuldschein in Höhe von 14.183,60 Mark als Abfindung an die Amtshauptmannschaft Zwickau, während die Amtshauptmannschaft Werdau, zu der das Rittergut Lichtentanne gehörte, an den gleichen Adressaten 6.000 Mark zahlen musste.

Das Herrenhaus des Rittergutes Marienthal wurde in der zweiten Hälfte des 18. Jahrhunderts erbaut. Der zweigeschossige Rechteckbau hat ein abgewalmtes Mansarddach. Die Fassade ist mit Lisenen, d. h. mit optischen Wandverstärkungen, und mit Festons, Verzierungen über den Fenstern, geschmückt. Die Treppenaufgänge sind von Bogen überspannt. Das Herrenhaus, das leider umgebaut und seines Fassadenschmuckes beraubt wurde, und einige Wirtschaftsgebäude aus dem 19. Jahrhundert blieben bis heute erhalten.

Die Marienthaler Kirche

Schon zur ersten urkundlichen Erwähnung im Jahre 1192 des Dorfes existierte im Zentrum Marienthals eine romanische Kapelle. Sie wurde durch eine kleine Kirche ersetzt. Über diesen Bau ist nichts Näheres bekannt. Am 28. Mai 1440 wurde die Stadt Zwickau mit dem Marienthaler Kirchenpatronat belehnt.

Nach der Einführung der Reformation in Marienthal wurde im Jahre 1520 der erste evangelische Pfarrer namens Nikolaus Hofer eingesetzt. Dieser predigte öffentlich gegen die Lehren Thomas Müntzers (um 1489–1525). Am 26. Dezember 1520 hetzte Müntzer seine Anhänger gegen den bei seiner Predigt in der Katharinenkirche anwesenden Hofer auf. Die Menge trieb den Pfarrer durch das Schloss und um den Schlossgraben herum und bewarf ihn mit Steinen und Kot. Die Wut der Müntzerschen Anhänger war so groß, dass einer von ihnen Nikolaus Hofer, der im Jahre 1523 nach Besigkau (?) bei Zeitz versetzt worden war, mit einem Dolch tötete (s. a. Dr. E. Herzog, Chronik der Kreisstadt Zwickau, Jahr 1520). Die Hoferstraße erinnert an diesen Pfarrer.

Die erwähnte Kirche erwies sich im 17. Jahrhundert als baufällig. Die im Jahre 1678 erörterten Baupläne konnten jedoch nicht in die Tat umgesetzt werden. Erst als der 1714 eingestellte Pfarrer Johann Christian Riedel am 20. Januar 1719 an den Zwickauer Rat berichtete, dass ein Teil des Daches eingebrochen sei und man vom Altarplatz zum Himmel schauen könne, schritt Letzterer zur Tat. Der Zwickauer Rat ließ die Kirche abtragen und am 12. Mai 1721 wurde der Grundstein für ein größeres Gotteshaus gelegt. Der Neubau kostete 712 Taler und acht Groschen. Die Bauern mussten die Transporte ausführen und die übrigen Einwohner Frondienste leisten. Am 14. Oktober 1722 weihte der Zwickauer Superintendent Christian Gotthilf Blumberg die neue Kirche. Zahlreiche Gäste, so auch der Kurfürstlich Sächsische Adjunkt (Beamtengehilfe) Johann Christian Klügel, der Zwickauer Bürgermeister Georg Ferber, der Marienthaler Rittergutsbesitzer Abraham Wenzel und Georg Friedrich von der Mosel, der Herr auf der Burg Steinpleis, waren erschienen. Die Kirche besaß drei Glocken, eine Turmuhr und eine Orgel, die im Jahre 1807 durch eine neue ersetzt werden musste. Der Orgelbauer Johann Gottlob Trampeli (1742–1812) aus Adorf baute sie. Zum 100. Jubiläum 1822 wurde die Kirche saniert und mit verschiedenen Gegenständen wie Altarleuchter, Blumenvasen, Weinkelch und -kanne und Hostienteller ausgestattet. Zwei Gemälde – „Die Verkündigung Mariä" (1828) und „Dr. Martin Luther" (1839) – schmückten zusätzlich das Gotteshaus. Eine Tafel aus den 1870er-Jahren erinnert an die in den Kriegen 1866 und 1870/71 gefallenen Marienthaler.

1865 entstand der neue Friedhof. Der Friedhof an der alten Kirche blieb noch 25 Jahre erhalten, aber es gab dort keine Begräbnisse mehr. Nach Ablauf der Frist wurde das Friedhofsgelände eingeebnet.

Im Jahre 1899 musste die alte Kirche der heute noch dort stehenden Kirche weichen. Sie wurde für die ständig zunehmende Zahl der Marienthaler Einwohner, die von 2.132 Personen (1871) über 5.325 (1890) auf 6.250 (1895) anstieg, zu klein. Deshalb beschloss der Kirchenvorstand in seiner Sitzung am 28. November 1896, ein neues Gotteshaus zu bauen. Am 19. August 1899 hielt Pfarrer Otto Walther in der alten Kirche den letzten Gottesdienst. Der Bauunternehmer Hugo Geyer, Döhnerstraße 13, begann am nächsten Tag mit den Abbrucharbeiten.

Den ausgeschriebenen Wettbewerb gewann der Leipziger Architekt Julius Zeisig. Der Kirchenvorstand der Gemeinde Schedewitz lieh den Marienthalern die für den Bau noch notwendigen 200.000 Mark. Am 10. Oktober 1899 führte der Maurerpolier Lätzsch nach einem Gebet des Pfarrers Otto Walther und in Anwesenheit des Kirchenvorstandes den ersten Spatenstich aus. Der Zwickauer Baumeister, Dampfziegelei- und Sägewerkbesitzer Franz Wolf war für die

Maurer- und Zimmererarbeiten ausgewählt worden. Einige weitere Lieferanten und Baufirmen seien hier genannt:

Blitzableiter	Firma Rauche & Beth, Schedewitz, Schedewitzer Hauptstraße 53, später Planitzer Straße 3,
Dachdeckerarbeiten	Meister Hentschel, Eckersbach,
Eisenteile	Eisenhandlung Böhme & Frank, Bosestraße 26,
Glasmalereien	Glasmalerei Richard Schlein, Zittau,
Glocken	Glockengießerei Richard Gustav Adolph Jauck, Leipzig,
Granitsteine	Firma C. F. Lenk, Schreiersgrün,
Heizung	Firma Salzmann, Leipzig,
Klempnerarbeiten	Meister Paul Conrad, Werdauer Straße 31, Meister Emil Hertel, Zwickauer Straße 5 (Marienthaler Straße 83),
Orgel	Orgelbauwerkstatt Richard Kreuzbach, Borna,
Schlosserarbeiten	Meister Kurt Croy, Jacobstraße 2, Meister Alfred Meier, Ferdinandstraße 19,
Schmiedearbeiten	Meister Eduard Gruner, Zwickauer Straße 73 (Marienthaler Straße 197), Hufschmied Richard Elssner, Zwickauer Straße 26 (Marienthaler Straße 100),
Steinmetzarbeiten	Steinmetzgeschäft Alfred Klinck, Zwickau, Reichenbacher Straße 74,
Turmknopf	Kupferschmiedemeister Bruno Eduard Meisel, Zwickau, Marienstraße 42,
Turmkreuz	Schlossermeister Paul Gläser, Zwickau, Römerstraße 26,
Uhr	Turmuhrenfabrikant Max Hahn, Zwickau, Marienthaler Straße 23,
Verblendsteine	Ullersdorfer Werke, bei Liegnitz,
Zementwaren	Fabrik Eduard Luckner, Gutenbergstraße 23.

Schon am 10. November 1899 – zu Martin Luthers 416. Geburtstag – konnte unter der späteren Kanzel feierlich der Grundstein gelegt werden. Das lang anhaltende schöne Wetter begünstigte den Fortgang der Bauarbeiten. Am 4. September war das Hauptgebäude gehoben und am 10. Dezember 1900 der Turmknopf aufgesetzt. Zahlreiche Marienthaler liefen am 18. März 1901 mit den Transportwagen mit, die die drei Glocken vom Zwickauer Bahnhof zur Kirche brachten. Die Glocken wurden geweiht und anschließend empor gezogen. Gegen 17 Uhr vernahmen die Wartenden den ersten Klang dieses Geläutes. Die drei Glocken wogen 6.314 kg, 3.146 kg und 1.870 kg. Die große Glocke zierten das Wappen des Deutschen Reiches und die Inschrift „Ehre sei Gott in der Höhe". Die mittlere Glocke war mit dem Wappen des Königreiches Sachsen und dem Spruch „Selig sind die Toten, die in dem Herrn sterben" versehen. Das Wappen der Stadt Zwickau und die Inschrift „Lasset die Kindlein zu mir kommen" schmückten die kleine Glocke. Während des Ersten Weltkrieges wurden diese Bronzeglocken zerschlagen, da das Metall für die Rüstung „benötigt" wurde. Im Jahre 1922 erhielt die Kirche ein neues Geläut. Die vier Stahlgussglocken stellte der Bochumer Verein für Bergbau und Gußstahlfabrikation, früher Gußstahlfabrik Mayer & Kühne, her.

Am Montag, dem 14. Oktober 1901 konnte nach zweijähriger Bauzeit die neue Pauluskirche feierlich geweiht werden. Vom Gasthof „Marienthal" aus bewegte sich ein Festzug zur Kirche. An der Spitze liefen u. a. der Regierungsrat Paul Alexander Meusel vom Konsistorium (kirchliche Verwaltung), der Zwickauer Superintendent Friedrich Meyer, der Amtshauptmann Dr. Robert Schnorr von Carolsfeld, der Zwickauer Oberbürgermeister Karl Keil, der Marienthaler Gemeindevorsteher Louis Olzmann, der Marienthaler Pfarrer Otto Walther und der Pastor Georg Breitfeld, zahlreiche Zwickauer Ratsmitglieder und der Gemeinderat, die Geistlichen der Ephorie Zwickau, die Schulräte Eduard Lohse und Oswald Hörig, die Mitglieder des Kirchen- und Schulvorstandes, die Marienthaler Lehrer und zahlreiche weitere Ehrengäste. Auch die Marienthaler Vereine waren vertreten.

Vor dem Eingang sang das Lehrerkollegium das Lied „Thut mir auf die Pforte". Danach übergab der Architekt Zeisig dem Regierungsrat Meusel und dieser dem Pfarrer Walther den Schlüssel, mit dem Letzterer die Tür öffnete. Superintendent Meyer hielt die Weiherede. Anschließend führten der Regierungsrat Meusel und der Zwickauer Oberbürgermeister Keil die Schar der Gratulanten an, die zahlreiche Geschenke übergaben. Der Pfarrer hielt danach noch eine Predigt und der gemeinsame Gesang beendete den Festgottesdienst. Nach einem Festmahl im Gasthof „Marienthal" versprach das Abendkonzert in der Kirche mit der neuen Orgel ein künstlerischer Höhepunkt zu werden.

Alle Anwesenden waren über die neue Marienthaler Kirche voll des Lobes. Besonders sehenswert sind die gestifteten Fenster hinter dem Altar mit den Motiven „Verklärung Christi", „Martin Luther schlägt die 95 Streitsätze an", „Apostel Paulus in Athen", „Johannes der Täufer und Melanchthon". Sowohl die acht Fenster des Kirchenschiffes als auch zahlreiche Gegenstände (z. B. das Paulusbild, Taufstein, -schüssel und -kanne, der Abendmahlskelch, die Teppiche und Läufer, die Altarbekleidung, der Hostienteller und das Evangelienpult) wurden gestiftet.

Von den amerikanischen Luftangriffen in den Jahren 1944/45 blieb die Pauluskirche glücklicherweise verschont. Obwohl die Erde bebte, als die Bomben in der nicht weit entfernt stehenden alten Schule einschlugen, waren am Kirchengebäude keine nennenswerten Schäden zu verzeichnen.

In der Zeit zwischen 1933 und 1945 unterstützten auch in Marienthal, wie zum Beispiel vor allem in Härtensdorf und Planitz, Christen die Bekennende Kirche (BK). Im Gegensatz dazu wollten die „Deutschen Christen" aus den 28 evangelischen Landeskirchen im Sinne des nationalsozialistischen Geistes eine deutsche Nationalkirche, die Deutsche Evangelische Kirche (DEK), bilden. Die Idee, Jesus als germanischen Helden zu begreifen, das Alte Testament zu beseitigen, die jüdischen Bestandteile aus der christlichen Lehre zu entfernen, den Nationalsozialismus als Kraftquell der Nation und Religion zu sehen und neue Wertnormen, wie Rassenhygiene, Herrenrasse, Blut und Boden zu akzeptieren, ließ unerwarteten Widerstand wachsen. Die Bekennende Kirche wandte sich gegen die Gleichschaltung und Beeinflussung der Kirche durch den Nationalsozialismus. Für sie galt allein die Bibel (Evangelium) als Grundlage der Kirche.

Eine besondere Bewährungsprobe hatte die Pauluskirche im „stürmischen" Herbst 1989 zu bestehen. Am Montag, dem 30. Oktober, drängten sich viele Menschen in und vor der Kirche, um am Montags-Friedensgebet teilzunehmen. Danach formierte sich ein Protestzug, der an der SED-Kreisleitung in der Kopernikusstraße vorbei zum Hauptmarkt führte. Diesem Protestzug schlossen sich zahlreiche Menschen an, die sich damals die Erneuerung der DDR zum Ziel gesetzt hatten. Die gesellschaftliche Entwicklung ging jedoch weiter: Nicht einmal ein Jahr später, am 3. Oktober 1990, war die Einheit Deutschlands durch die Vereinigung der beiden deutschen Staaten wieder hergestellt.

Das Verkehrswesen

Die ersten Verkehrsverbindungen des Ortes Marienthal waren nicht oder nur wenig ausgebaute Wege, die mit Fuhrwerken und Kutschen befahren wurden. Die am meisten genutzte Verbindung war natürlich die zur nahen Stadt Zwickau. Weitere Wege verliefen über Steinpleis nach Werdau und über Brand, am späteren Gasthof „Lichte Tanne" vorbei nach Planitz.

Im Jahre 1567 wurde die im Grund verlaufende Straße hochgelegt „über den Wind". Sie folgte im Bogen der Flurgrenze mit der Wüstung Rappendorf. Von 1826 bis 1828 wurde die Werdauer

Chaussee, eine direkte Verbindung zwischen Zwickau und Werdau, ausgebaut und ein Chausseehaus errichtet (heute Werdauer Straße 223). Das war das Wohn- und Dienstgebäude des Chausseewärters, vor dem sich ein Schlagbaum mit sächsischem Wappen befand. Der Chausseewärter führte bis 1885 die Aufsicht über einen bestimmten Straßenabschnitt und kassierte das Chausseegeld.

Eine der positiven Auswirkungen der Eingemeindung des Ortes Marienthal nach Zwickau war die Verlängerung der Straßenbahntrasse von der bisherigen Endhaltestelle Luisenstraße in der Westvorstadt bis zum Gasthof „Marienthal". Am 7. Oktober 1904 konnte die um 670 Meter verlängerte Straßenbahntrasse in Betrieb genommen werden. Eine zweite Streckenverlängerung von 1,87 Kilometern wurde im Jahre 1924 realisiert. Ab 6. November war es möglich, mit der Straßenbahn über die neu angelegte Karl-Keil-Straße bis zum Haupteingang des Staatlichen Krankenstifts zu fahren (ab 1926 Linie 4). Bis dahin musste das Personal des Krankenstiftes vom Gasthof „Marienthal" aus laufen, um zur Arbeitsstelle zu kommen. Die ersten Abteilungen des Krankenstifts hatten bereits im Dezember 1921 den Betrieb aufgenommen. Die Straßenbahn fuhr zunächst eingleisig über die Karl-Keil-Straße, während sie seit dem 14. Januar 1966 die Trassenschleife am Brander Weg benutzt. Inzwischen wurde die gesamte Straßenbahntrasse zweigleisig ausgebaut.

Der erste Zwickauer Flugplatz – wenn man ihn als solchen überhaupt bezeichnen kann – befand sich auf dem Exerzierplatz der Zwickauer Garnison in Helmsdorf. Diese Gemeinde hatte ihre Fluren zwischen Dänkritz, Niederhohndorf und Oberrothenbach. Entsprechend den Bedingungen des Versailler Vertrages musste im Jahre 1920 die Flugzeughalle abgerissen und der Flugverkehr eingestellt werden. Der nach dem Ersten Weltkrieg neu gegründete Zwickauer Verein für Luftfahrt und Flugwesen bemühte sich, in Zwickau einen neuen Flugplatz anzulegen. Am 1. April 1926 pachteten die Flugenthusiasten das entsprechende Gelände vom Kommerzienrat Otto Schmelzer in Lichtentanne für zunächst zwölf Jahre. Später (das Datum konnte nicht ermittelt werden) wechselte diese Grundfläche, die ursprünglich zum Marienthaler Rittergut und ab 1922 Otto Schmelzer gehörte, zur Stadt Zwickau. Die offizielle Adresse für den Flugplatz lautete Reichenbacher Straße 129 (später 131).

Als erstes privates Flugzeug steuerte die Maschine des ehemaligen Weltkriegsfliegers Alfred Thomä, der 1930 die Flughafen-Gastwirtschaft von der Aktienbrauerei Zwickau-Glauchau AG (später Sächsische Union-Brauerei, Zwickau, Uferstraße 2) pachtete, den Flugplatz an. Am Montag, dem 2. Mai 1927, um 12 Uhr, landete das erste Verkehrsflugzeug auf dem Zwickauer Flugplatz. Es war eine Junkers F 13 mit fünf Passagieren an Bord. Zunächst bediente die Nordbayerische Verkehrsflug GmbH die Linie Nürnberg/Fürth–Bayreuth–Hof–Plauen–Zwickau–Leipzig und zurück. Diese Gesellschaft flog im Jahre 1930 auch von Nürnberg über Zwickau, Chemnitz, Dresden bis nach Stettin. Die Flugzeuge aus Bayern landeten gegen 10.30 Uhr, die aus Leipzig um 16.30 Uhr. Mit 285 ankommenden und 455 startenden Fluggästen pro Jahr nahm Zwickau von den 79 deutschen Flugplätzen die 30. Stelle ein. Die Gesellschaft beflog die Linien von Mai bis November, so wie es das Wetter zuließ.

Am 27. Juni 1928 wurde die Zwickauer Flugplatz GmbH gegründet. Die Stadt gab zum Ausbau des Flugplatzes und der Halle einen Zuschuss von 20.000 Mark. Zu den jährlichen Flugtagen fand sich regelmäßig ein großes Publikum ein. Zu so einem Anlass kam am 16. Oktober 1932 sogar eine viermotorige Junkers G 38 nach Zwickau. Die Maschine konnte jedoch nicht landen, da der Flugplatz nicht für dieses Großflugzeug konzipiert war. Die G 38 war damals das größte zivile Landflugzeug der Welt und besaß bei einer Leistung von 3.200 PS eine Transportkapazität von 40 Passagieren.

Ende Oktober 1934 stellte die Deutsche Verkehrsflug AG, die am 1. Januar 1931 den Flugplatz übernommen hatte, den planmäßigen Linienflugbetrieb an der Reichenbacher Straße ein, obwohl die Stadt zur Unterhaltung der Fluglinie und zum Bau von Werkstatt und Gaststätte seit 1927 insgesamt 122.000 Mark beigesteuert hatte.

Am 12. Mai 1944 war auch der Flugplatz, auf dem seit 1938 das aus Berlin-Tempelhof stammende Flugzeugreparaturwerk Gustav Basser ansässig war, das Ziel amerikanischer Luftangriffe. Das Werk erlitt Beschädigungen und die unterirdischen Reparaturräume wurden 1947 schließlich gesprengt. Im Frühjahr 1953 begannen Flugenthusiasten den Flugplatz wieder herzurichten. Trümmer mussten beseitigt und Bombentrichter verfüllt werden. Mit einem alten Schulgleiter SG 38 nahmen einige Begeisterte den Übungs-Flugbetrieb wieder auf. Der seit dem 1. März 1957 durch das Bezirksausbildungszentrum der GST (Gesellschaft für Sport und Technik) organisierte Motorflugbetrieb musste 1973 wegen der Nähe zum neu entstehenden Wohngebiet Neuplanitz verlegt werden. Deshalb kamen in den Folgejahren nur noch Segelflugzeuge zum Einsatz.

Der seit 1990 existierende Aero-Club Zwickau bietet neben den Segelflügen auch Rund- und Gästeflüge mit Motorflugzeugen an. Noch immer scheiden sich die Geister in der Frage, ob der Flugplatz (ICAO-Code EDBI), der eine 800 Meter lange und 30 Meter breite Start- und Lande-Rasenpiste hat, eine entsprechend lange Betonpiste erhalten und für Privatflüge geöffnet werden soll.

Am 26. und 27. August 2006 feierten die Flugsportler mit zahlreichen Gästen anlässlich des Jubiläums „80 Jahre Flugplatz an der Reichenbacher Straße" ein begeisterndes Flugplatzfest. Staunend verfolgten die Zuschauer die Flugvorführungen, unter anderem Rundflüge mit der legendären dreimotorigen JU 52 und waghalsige Fallschirmabsprünge aus dem sowjetischen Doppeldecker An-2. Im August 2009 konnte bereits das 15. Flugplatzfest seit 1990 gefeiert werden.

Industrie und Gewerbe

Die Lebensgrundlage der Bewohner Marienthals war jahrhundertelang die Landwirtschaft. Im Lauf der Zeit kam die Hausleinenweberei als zweiter Erwerbszweig hinzu. In diesem Ort durfte sich jedoch kein Handwerker niederlassen. Als Markgraf Wilhelm in Zwickau weilte, erließ er am 3. Mai 1421 eine Verordnung, die den Zwickauer Bierbann und das Verbot, dass sich Handwerker auf dem Lande niederließen, betraf. Dabei wurde auch Marienthal genannt. Erst im Jahre 1571 entschieden der Kommissar Conrad von Wolframsdorf auf Reuth und der Amtsschösser Zorn, dass in elf Dörfern, darunter in Marienthal, ein Schneider seinem Gewerbe nachgehen darf, wenn er sich an die Regeln der Zwickauer Innung hält.

Im Jahre 1820 suchten einige Gutsbesitzer, dem Beispiel der Bockwaer Bauern folgend, unter ihren Feldern nach Steinkohle. Ein Bohrversuch bis in eine Tiefe von 100 Ellen (eine Dresdner Elle = 56,638 cm, also etwa 57 m) brachte aber kein positives Ergebnis. Das sollte sich jedoch bald ändern. Die beiden Freiberger Professoren, Bergkommissionsrat Amandus Kühn (1783–1848) und Friedrich August Breithaupt (1791–1873), die 1840 den Erzgebirgischen Steinkohlen-Aktienverein (ESTAV) gründeten, veranlassten zwischen der Reichenbacher Chaussee und dem Galgengrund mehrere Bohrungen, die Steinkohle antrafen. Die vorher weiter westlich angesetzten Bohrungen auf Lichtentanner Flur waren erfolglos gewesen. Nach dem Wahlspruch Prof. Breithaupts „Mit Gottes Segen, Hoffnung und Vertrauen wollen wir in die Tiefe bauen" wurde nach dem erfolgreichen Anbohren des später als Segen-Gottes-Flözes bezeichneten Flözes mit einer Mächtigkeit von 4,3 Metern der erste Schacht Segen-Gottes-Schacht genannt. Am 29. November 1845 feierten die Bergleute des 292 Meter tiefen Segen-Gottes-Schachtes dessen Fertigstellung und den Beginn der Steinkohleförderung.

Bereits am 13. Dezember 1847 erhielt der Segen-Gottes-Schacht als erster Steinkohlenschacht in der Zwickauer Region einen 1.130 Meter langen Gleisanschluss. Das Gleis zweigte vom Eisenbahnhauptgleis Zwickau–Werdau in Marienthal ab und kreuzte auf halber Strecke zwischen der heutigen Flur- und Olzmannstraße die Reichenbacher Chaussee (Reichenbacher Straße / B 173). Im Jahre 1848 transportierte die jahrzehntelang mit Pferden statt Lokomotiven betriebene Bahn etwa 2.200 Wagenladungen zu je 80 Zentnern Steinkohle. Die Menge sollte sich in ertragreichen Jahren etwa verdreifachen (zum Beispiel 1850/51: 7.103 Wagen, 1859: 6.535 Wagen). Noch im Jahr 1887 vermerkte das „Ingenieur-Hauptbureau in Dresden" auf seiner „Uebersichtskarte der Kohlenbahnen bei Zwickau", dass die „Zweigbahn nach dem Segengottesschacht mit Pferdebetrieb" durchgeführt werde. Der Eisenbahndirektanschluss des Segen-Gottes-Schachtes stellte für den ESTAV bis etwa 1860 einen erheblichen Wettbewerbsvorteil gegenüber vielen anderen Steinkohlenwerken dar.

Im Jahre 1918 wurde der Segen-Gottes-Schacht stillgelegt und verfüllt. Das Anschlussgleis betrieben jedoch die Mitnutzer, das Röhrenwerk Paul Richter, die Ziegelei Franz Wolf und die Ziegelei Emil Selbmann, weiter. Über die Nutzung der Gleisanlagen schlossen diese drei Firmen, der Erzgebirgische Steinkohlen-Aktienverein und die Stadt Zwickau einen Vertrag ab.

Mit dem Umbau des Zwickauer Bahnhofes in den 1920er-/1930er-Jahren war eine direkte Verbindung zu diesen Nutzern nicht mehr möglich, und so kündigte die Deutsche Reichsbahn den Gleisanschluss. Über diesen Anschluss wurden bis zu dieser Zeit etwa 4.000 Waggons/Jahr abgefertigt. 1923 verlängerte man deshalb den Abzweig Bürgerschacht/Hilfe-Gottes-Schacht bis zum ehemaligen Segen-Gottes-Schacht und legte daraufhin am 1. Juli den erstgenannten Abzweig über die Reichenbacher Straße still. Damit stellte die dienstälteste Zwickauer Kohlenbahn den eigenständigen Betrieb ein und wurde ein Teil der Bürgerschachtbahn.

Im letzten Drittel des 19. Jahrhunderts siedelten sich in Marienthal Industriebetriebe an. Die Meldungen an die Industrie- und Handelskammer Plauen in den Jahren 1890 und 1898 führten folgende Firmen und Fabrikarbeiter auf:

Firmeneigentümer	**Gewerbe**	**Beschäftigte 1890**	**1898**
Aschenborn, H. u. C.	Ziegelei / Dampfbetrieb	57	32
Bauer, Anton	Zimmerei	0	6
Beyer, Eduard	Ziegelei / Dampfbetrieb	34	37
ESTAV	Ziegeleibetrieb	40	0
Fischer, Ernst	Dampfbierbrauerei	4	8
Geyer, Hugo	Zimmerei / Dampfsägewerk	0	6
Kästner, Ernst Curt	Ziegelei / Dampfbetrieb	38	37
Kreß, Ferdinand	Ziegelei / Handbetrieb	10	15
Kröhnert, Ernst	Dachpappe, Holzcement	12	12
Pfeifer, Emil	Ziegelei / Handbetrieb	27	40
Proß, Richard	Ziegelei / Handbetrieb	32	17
Richter, A. u. H.	Dampfsägewerk, Holzhandel	31	61
Ritter, C.	Maschinenfabrik	0	29
Selbmann, Emil	Ziegelei / Dampfbetrieb	74	40
Wolf, F. u. R.	Ziegelei / Handbetrieb	0	2

19 der Fabrikarbeiter des Jahres 1890 befanden sich noch im Alter von 12 bis 14 Jahren!

Im Jahre 1902, als Marienthal nach Zwickau eingemeindet wurde, waren in dem Dorf vier Fabriken (Brauerei Ernst Fischer, Röhrenwerk Paul Richter, Kunststein-Fabrik Eduard Luckner, Dachpappenfabrik C. Kröhnert), neun Ziegeleien (Zwickauer Ziegelwerke Albin Sieber, Ferdinand Kästner, Kurt Kästner – Rittergut Marienthal, Klopfer & Otto, F. & R. Kreß, Pfaff & Co., Emil Pfeifer, Richard Proß, Emil Selbmann), ein Dampfsägewerk (Hugo Geyer), drei Gärtnereien (u. a. Max Thiele) und ein Steinkohlenschacht (Segen-Gottes-Schacht) in Betrieb.

Im Lauf der Jahrzehnte siedelten sich auf Marienthaler Flur weitere Firmen an. An einige von ihnen sei hier erinnert.

Im Jahre 1938 zog das Flugzeugreparaturwerk Gustav Basser von Berlin-Tempelhof nach Zwickau um. Am Zwickauer Flugplatz an der Reichenbacher Straße entstand eine Betriebsanlage mit zum Teil unterirdischen Reparaturhallen für Jagdflugzeuge Focke-Wulf. Schießstände zum Einschießen der Bordkanonen, Verwaltungsgebäude, Räume für die Lehrlingsausbildung wurden erbaut. Am 12. Mai 1944 flogen 74 amerikanische B-17-Bomber („Fliegende Festung") einen Luftangriff auf das Basser-Werk und den Hauptbahnhof. Wegen des mäßigen Erfolges wurde der Luftangriff am 28. Mai mit 15 B-17-Bombern wiederholt. Das Basser-Werk wurde im April 1945 stillgelegt. Zwei Jahre später ließ die sowjetische Militäradministration dieses Werk demontieren.

In der Reichenbacher Straße 146 befindet sich auf dem Gelände des ehemaligen Röhrenwerkes Paul Richter das Bauunternehmen Tief- und Gleisbau Lasch GmbH. Alfred Lasch gründete im Jahre 1921 in Glauchau ein Bauunternehmen. Nach seiner Enteignung nach dem Volksentscheid im Jahre 1946 gründete er 1953 ein neues Bauunternehmen und siedelte es in Zwickau an der Moseler Straße 1 an. Im Jahre 1972 ging dieses Privatunternehmen in Volkseigentum über. Wegen des Baus der Verbindungsstraße zwischen der Leipziger Straße und der Pölbitzer Brücke musste der nunmehrige VEB Gleisbau Zwickau in die Reichenbacher Straße 146 umziehen. Nach einer Episode zwischen 1983 und 1990, als dieses Unternehmen Teilbetrieb des Stadtbaubetriebes Zwickau war, führt die Lasch GmbH nach der Reprivatisierung heute Gleis- und Tiefbaubauarbeiten in ganz Deutschland aus.

In der Olzmannstraße 51, nicht weit von der Eisenbahnbrücke entfernt, befand sich die Baumwollspinnerei Otto Schön. Im Jahre 1968 wurde der inzwischen volkseigene Betrieb aufgelöst und als Werk III dem VEB Zwickauer Maschinenfabrik zugeordnet. Eine 180-m-Halle wurde gebaut, in der Großkompressoren gefertigt wurden. Diese Firma wurde 1993 privatisiert.

Die Dampfbrauerei Christian H. Fischer wurde im Jahre 1887 gegründet. Ab etwa 1897/98 führte sein Sohn Ernst Fischer das Geschäft mit acht Angestellten in der Zwickauer Straße 74 (ab 1938 Marienthaler Straße 156) weiter. Im Jahre 1923 übernahm die Vereinsbrauerei Zwickau diese kleine Brauerei und stellte kurze Zeit später deren Produktion ein. Etwa 1935 gründete Barthel in den Räumen der ehemaligen Gaststätte „Kastanienbaum" in der Waldstraße eine Kokosweberei. Die Firma Barthel & Co. stellte Läufer und Fußmatten, Kohlensäcke und technische Gewebe her. Nach dem Zweiten Weltkrieg engagierte sich Karl Stolarek in dieser Firma, an der sich ab 1967 der Staat in Form einer Kommanditgesellschaft (KG) beteiligte. Im April 1972 ging die Firma ganz in Volkseigentum über und nannte sich VEB Kokosweberei Zwickau. Im Sortiment befanden sich jetzt Läufer aus Natur- und Viskosefaser, Kokosgarn, technische Gewebe für die Theaterausstattung und Kohlensäcke. Die im Jahre 1991 wieder reprivatisierte Firma musste Mitte 1993 endgültig schließen. Im darauf folgenden Jahr wurden alle Gebäude abgebrochen.

Als größter Arbeitgeber in Marienthal entwickelten sich im Jahre 1904 die Eisenbahnwerkstätten für die Reparatur von Lokomotiven und Waggons. Das Gelände neben dem ehemaligen Bahnhof der Zwickau-Falkensteiner Linie an der Werkstättenstraße, auf dem sich seit 1877 die Eisenbahnwerkstätten befanden, erwies sich für eine Erweiterung als unzureichend. Deshalb wurden durch den sächsischen Staat am 19. April 1894 auf Marienthaler Flur die notwendigen Flächen erworben. Am 22. August 1903 begannen die Kgl. Sächsischen Staatseisenbahnen auf 3,15 Hektar Land mit dem Bau der neuen Eisenbahnwerkstätten. Nach und nach entstand ein 1.800 Meter langes und 260 Meter breites Werkgelände. In den Jahren 1904 bis 1908 wurden zahlreiche Hoch- und Tiefbauten (z. B. Ausgießerei- und Abkochereigebäude, Wagenreparaturgebäude, Schmiede, Räderwerkstatt, Kesselhaus, Wasserhochbehälter, Ölkeller, Verwaltungsgebäude, Arbeiter-Badeanstalt, Drehscheibe) errichtet. Am 1. April 1908 erfolgte in den Eisenbahnwerkstätten die offizielle Aufnahme der Arbeiten. Es wurden Güter-, Pack- und Personenwagen sowie Normalspur- und Schmalspurlokomotiven repariert, gewartet und abgenommen.

Am 15. Dezember 1924 benannte die Deutsche Reichsbahn-Gesellschaft (DRG) die Eisenbahnhauptwerkstätten in Eisenbahnausbesserungswerk (EAW), kurze Zeit später in Reichsbahnausbesserungswerk (RAW, ab 1950 Raw) um. Während es im Jahre 1920 etwa 2.000 Beschäftigte im Werk gab, ging diese Zahl in der Weltwirtschaftskrise bis Ende 1932 auf 840 zurück. Dem RAW drohte die Schließung. Nach 1933 wurden die Produktionsanlagen erneuert und erweitert, um dem gestiegenen Transportaufkommen – ab 1939 auch für den Krieg – gewachsen zu sein. In den Jahren von 1938 bis 1942 wurden endlich das Lokanheizgebäude und ein Rundschuppen mit sieben Lokständen errichtet, 1943 konnte der Anbau der Lokhalle vollendet und eine Werkstatt für Überhitzerrohre gebaut werden. Im Jahre 1941 veranlasste die Werkleitung, im Lokhof eine 23-m-Drehscheibe einzubauen.

Die meisten männlichen Beschäftigten im dienstfähigen Alter waren zur Wehrmacht eingezogen worden (843 Männer). Frauen, freiwillige und dienstverpflichtete Italiener und Holländer (insgesamt 885 Fremdarbeiter) nahmen die Arbeitsplätze männlicher deutscher Kollegen ein. 554 Kriegsgefangene und später auch Zwangsarbeiter aus der Sowjetunion, Frankreich und Polen mussten im Werk arbeiten. Schließlich wurden im Januar 1945 beim Näherrücken der sowjetischen Front die deutschen Beschäftigten und die Fremdarbeiter aus dem RAW Breslau evakuiert und nach Zwickau gebracht.

Am 13. Mai 1944 fielen zum ersten Mal Bomben der 9. US Air Force auf das RAW Zwickau. Besonders betroffen waren die Wagenwerkstatt und das Gelände mit dem Wasserturm, der Schmiede und dem Lokanheizgebäude. Die Belegschaft musste die ersten Todesopfer beklagen, darunter auch Ausländer. Am 7. Oktober 1944 traf eine Bombe den nordwestlichen Teil der Wagenwerkstatt. Dieser Hallenteil mit etwa 4.000 Quadratmetern Grundfläche stürzte ein. Am 11. April 1945 kam es zu einem letzten amerikanischen Luftangriff auf die Zwickauer Bahnanlagen, der erhebliche Schäden an der Wagenwerkstatt, an den Kran- und Gleisanlagen und an der Gleiswaage verursachte. Die Hauptverwaltung der Deutschen Reichsbahn bezifferte im Jahre 1947 den Zerstörungsgrad des RAW Zwickau infolge Kriegseinwirkungen auf 82 Prozent.

Nach der Beseitigung von Trümmern und nach ersten Instandsetzungsarbeiten an den Hallen begann die Belegschaft am 1. Juni 1945 mit der Reparatur dringend benötigter Lokomotiven und Güterwagen. Bis Dezember 1945 wurden 358 Lokomotiven und 4.818 Güterwagen instandgesetzt.

Im Rahmen der Aufgabenstellung „Reparaturen an Dampflokomotiven und Güterwagen" wurden noch andere Leistungen erbracht. Eine Reihe von Dampflokomotiven der BR 58 rüstete man auf die effektivere Kohlenstaubfeuerung um, wobei das Werk wahre Pionierarbeit leistete. In den Jahren von 1960 bis 1968 wurden außerdem 6.100 Spurwechselradsätze produziert. Das Raw leistete damit einen beachtlichen Beitrag zur Beschleunigung des rasch steigenden Güteraustauschs mit der Sowjetunion. In den Jahren 1963 bis 1970 wurden etwa 26.000 UIC-Radsätze gefertigt. Von 1963 bis 1977 stellte das Werk darüber hinaus etwa 12.000 Drehgestellrahmen her.

Im Sommer 1967 erhielt das Raw Zwickau über das Ministerium für Verkehrswesen den vom Zentralkomitee der SED am 14. Juli 1967 gefassten Beschluss zur Kenntnis, bis zum 20. Jahrestag der Gründung der DDR (7. Oktober 1969) die Containerproduktion aufzubauen und damit

Voraussetzungen für ein effektives, modernes Transportsystem in der DDR zu schaffen. Das Raw Zwickau sollte Alleinhersteller von 10- und 20-Fuß-Containern in der DDR werden. Die Realisierung der Endtermine stellte eine schwer zu bewältigende Aufgabe dar, der alles untergeordnet werden musste. Deshalb endete mit der Übergabe der Dampflok Nr. 58 3031 des Bw Gera am 13. Dezember 1968 die Ära der Dampflokomotivreparatur im Zwickauer Ausbesserungswerk. Seit dem Kriegsende waren damit im Raw Zwickau 12.962 Dampflokomotiven repariert worden.

Auf den Gleisen der ehemaligen Tenderreparatur wurden 1968 in mühevoller Handarbeit und mit provisorischen Mitteln die ersten 60 Stück 20-Fuß-Container zusammengebaut. Dadurch konnten am 30. Juni 1968 die ersten Containerzüge der Deutschen Reichsbahn in der Relation Dresden–Berlin–Rostock verkehren. Im August 1976 übergab das Raw den 50.000sten Container.

Schwerpunkt für die etwa 3.300 Beschäftigten dieses Betriebes blieb aber die Reparatur und die Rekonstruktion von vierachsigen offenen Drehgestellgüterwagen. Im Oktober 1977 wurde dafür eine neue Werkhalle in Betrieb genommen. Die in Zwickau beheimateten Güterwagen, für deren Instandhaltungszyklus das Raw verantwortlich war, kamen überwiegend für den Transport von Kohle, Erzen, Baustoffen, Salzen und Getreide zum Einsatz.

Wegen der nicht ausreichenden Zahl von Neubau-Güterwagen wurde deshalb im Raw Zwickau für den Neubau von Güterwagen eine Fahrzeughalle mit 5.760 Quadratmetern Grundfläche und sechs Arbeitsgleisen gebaut. Am 5. Oktober 1977 konnte dort die Produktion des neuen vierachsigen, offenen Drehgestellgüterwagens aufgenommen werden, die nach einer Unterbrechung (1979–Februar 1986) im Juni 1990 eingestellt wurde.

Im Jahre 1989 arbeiteten im Raw Zwickau 3.235 Personen, von denen fast alle am 9. November mit großer Begeisterung die Grenzöffnung zur Bundesrepublik Deutschland begrüßten. In aller Stille wurde am 30. April 1990 der Name „7. Oktober“ (der 7. Oktober 1949 war das Gründungsdatum der DDR), den das Raw Zwickau seit 1950 trug, abgelegt. Nachdem die Deutsche Reichsbahn ihren gesamten Bestand an Containern verkauft hatte, wurde die Zwickauer Containerfertigung Ende 1992 eingestellt. Von 1968 bis 1992 waren insgesamt 140.089 Groß-Container verschiedener Typen gebaut worden.

Im Jahre 1992 wurde vom damaligen gemeinsamen DB/DR-Vorstand ein 4-Stufen-Plan der Bundesregierung über die Auflösung, die Umwandlung, den Weiterbetrieb und den Neubau von Eisenbahnwerkstätten vorgestellt. Darin wurde das Raw Zwickau als einer von vier zukünftigen Standorten der Güterwagenreparatur in Deutschland festgelegt. Mit einem Investitionsvolumen von insgesamt 30 Millionen Mark wurden eine Radsatzwerkstatt und eine Zentralwerkstatt für Puffer- und Blattfederaufarbeitung gebaut. Bereits 1993 entstand der Neubau einer Strahlanlage für die Entrostung der zu reparierenden Eisenbahnwagen. Im Gegenzug wurde die Überkapazität an Güterwagen beider deutschen Bahnverwaltungen den aktuellen Erfordernissen angepasst. Jährlich kamen in Zwickau ab 1994 bis zu 3.000 Güterwagen unter den Schneidbrenner. Mit der Bildung der Deutschen Bahn AG (DB AG) am 1. Januar 1994 wurde aus dem ehemaligen Raw Zwickau das Werk „Zwickau-Rangierbahnhof“.

Nach einer Vorstandssitzung der DB AG am 26. Juni 2001 wurde in der Presse darüber informiert, dass nach Ansicht der Konzernleitung wegen des insgesamt weiter rückläufigen Güterverkehrs Güterwagen zukünftig nur noch in zwei Werken instand gehalten werden, womit auch die Standorte Zwickau, Chemnitz und Delitzsch zur Schließung vorgesehen waren. Am 19. Dezember 2003 verließen die letzten Mitarbeiter das Werk in Zwickau.

Seit dem Jahre 2004 fungierte als Nachfolgebetrieb in der ehemaligen Güterwagen-Neubauhalle die DB Fahrzeuginstandhaltung GmbH, Werk Paderborn, Servicewerkstatt Zwickau (SWZ) mit Lok- und Wagenreparatur. Die Servicewerkstatt nutzt die 1977 im Raw „7. Oktober“ fertig gestellte Neubau-Halle mit sechs Gleisen und die davor befindliche Gleisharfe zum Abstellen der Lokomotiven und Waggons. In der Servicewerkstatt, die seit 2008 im Rahmen der DB Fahrzeuginstandhaltung GmbH wieder selbstständig ist, arbeiten derzeit 76 Beschäftigte.

Die sozialen Einrichtungen

Vor 100 Jahren bezeichnete man geistig oder körperlich behinderte Menschen noch als „Krüppel". 1903 wurde der „Verein zur Fürsorge für bildungsfähige Krüppel" gegründet, der sich für die Unterstützung Behinderter einsetzte. Auf dessen Initiative wurde in der Waldstraße 9A das Krüppelheim mit 70 Betten erbaut und 1907 als städtische Anstalt eingeweiht. Im Jahre 1910 machte sich ein zweiter Bau für das Krüppelheim notwendig, in dem die orthopädische Klinik und weitere 55 Betten untergebracht wurden. 1912 wurde das „Handwerkerhaus", in dem Lehrmeister Behinderte dafür ausbildeten, einfache Arbeiten auszuführen, errichtet. Sie arbeiteten zum Beispiel als Korbmacher und als Porzellanmaler. 1926 kam noch ein viertes Gebäude mit Büros und zwei Wohnungen für den Direktor und den Hausmann dazu. Sanitätsrat Dr. Gaugele (seine orthopädische Klinik befand sich in der Crimmitschauer Straße 2) war bis 1919 Hausarzt dieses Heimes. Im ehemaligen Krüppelheim war von 1949 bis 1978 die Abteilung für Haut- und Geschlechtskrankheiten des Heinrich-Braun-Krankenhauses untergebracht. Für die Kranken standen 213 Betten, nach dem Rückgang der Geschlechtskrankheiten 150 Betten (ab 1974), zur Verfügung. Nach dem Umzug der Hautklinik in ihr neues Domizil befindet sich in diesen Gebäuden die Klinik für Kinder- und Jugendmedizin.

Anfang des 20. Jahrhunderts waren Tbc und andere Lungenkrankheiten auch wegen der schlechten Ernährung weiter verbreitet als heute. Der Albert-Zweigverein sammelte Spenden und trug entscheidend zum Bau eines Erholungsheimes für Lungenkranke bei. Am 22. Mai 1911 konnte die Walderholungsstätte für Lungenkranke in der Waldstraße 4 als städtische Einrichtung ihre ersten Patienten aufnehmen. Im Kinderheim der Walderholungsstätte wurden 30 lungenkranke, blutarme und erholungsbedürftige Kinder vom ersten Lebensjahr bis zum letzten Schuljahr aufgenommen und gepflegt. Diesem Erholungsheim war auch eine Waldschule angegliedert, in der die erkrankten Kinder lernen konnten. Vom 19. April bis zum 28. November 1926 wurden hier zum Beispiel 64 Kleinkinder bis 6 1/2 Jahre, 91 Schulkinder und 15 Tageskinder betreut.

Der Ausbau der städtischen Walderholungsstätte wurde erst am 9. Mai 1925 abgeschlossen. Sie erhielt damals nach den Entwürfen des Stadtbauamtes einen Erweiterungsbau. Dieses Gebäude steht mitten im Wald und verfügte über 40 Betten. Darin wurden lungenkranke, lungenkrankheitsgefährdete und erholungsbedürftige Erwachsene beiderlei Geschlechts gepflegt. Im Speisesaal der Walderholungsstätte gab es „eine anerkannt gute Verpflegung". Vom 19. April bis zum 28. November 1926 fanden hier zum Beispiel 87 männliche und 165 weibliche Patienten Aufnahme. Ab dem Jahre 1978 wurden in diesem Gebäude Haut- und Geschlechtskranke behandelt. Die Klinik verfügte jetzt über 30 Betten.

Die Grundsteinlegung für das Kreiskrankenstift an der Werdauer Straße am 28. Mai 1841 fand „auf der grünen Wiese", vor der Stadt Zwickau, statt. Selbst die Bahnhofstraße existierte noch nicht. Im Jahr 1906 war das Krankenstift längst von der Entwicklung überholt worden. Auf der Bahnhof- und der Werdauer Straße quietschten die Straßenbahnen, in der nahen Stiftstraße befanden sich das E-Werk und das Straßenbahndepot, die Werdauer Straße teilte das Krankenhausgelände in die Bereiche Bahnhof- / Werdauer Straße und Werdauer- / Carolastraße. Staub, Industrieabgase und Lärm trugen nicht zur Genesung bei. Deshalb verfolgte Prof. Heinrich Braun die Idee seines Vorgängers, Prof. Karg, weiter, in Waldnähe ein neues Krankenstift zu bauen.

Am 10. Dezember 1911 erteilte die Sächsische Landesregierung nach zähen Verhandlungen die Genehmigung für den Neubau des Königlichen Krankenstiftes im Zwickauer Stadtteil Marienthal. Die Stadt Zwickau stellte dafür 30 Hektar (300.000 m²) Bauland zur Verfügung.

Der Bau des Kreiskrankenstiftes an der Karl-Keil-Straße ist untrennbar mit dem Namen Prof. Heinrich Braun verbunden. Heinrich Friedrich Wilhelm Braun wurde am 1. Januar 1862 in Rawicz (bei Posen) geboren. Nach dem tödlichen Autounfall des bisherigen Leiters des Königlichen Krankenstiftes Zwickau, Medizinalrat Prof. Dr. Karl Hermann Karg (1858–1905), hatte der Chirurg und Erfinder der Lokalanästhesie Prof. Heinrich Braun am 9. Januar 1906 dessen Arbeitsstelle übernommen.

Noch vor dem Ersten Weltkrieg wurde mit den Bauarbeiten begonnen. Zwischen 1916 und 1919 ruhte der Bau wegen des Krieges. Am 1. Dezember 1921 zog als erste die Chirurgische Abteilung vom Kreiskrankenstift an der Werdauer Straße in die neuen Gebäude des nunmehr Staatlichen Krankenstiftes um. Ihr standen vier Operationssäle und 265 Betten zur Verfügung. Am 3. April 1922 folgte die Innere Abteilung mit 156 Betten.

Die Abteilungen nahmen in der folgenden Reihenfolge ihre Arbeit auf:

- die Chirurgische Abteilung,
- ein Operationsgebäude mit mehreren Operationssälen,
- das Maschinenhaus,
- ein Verwaltungsgebäude mit der Patientenaufnahme,
- das Küchengebäude und die Wäscherei
- das Röntgeninstitut (alle 1921),
- die Innere Abteilung,
- ein Isolierhaus (mit 29 Betten),
- eine Apotheke und eine Arzneiversorgungsstelle für Sachsen (alle 1922),
- zwei Bettenhäuser (1925),
- ein Badehaus mit Zentrallaboratorium und EKG-Abteilung (Nov. 1925, 2003 abgebrochen),
- das Pathologisch-Bakteriologische Institut (mit Hörsaal, 1. September 1927),
- das Schwesternheim I (1. Oktober 1928),
- der Saalbau (mit Speise- und Festsaal, 1928),
- das Schwesternheim II (11. November 1929),
- die Frauenklinik, 1. Ausbaustufe (1. Oktober 1930) und 2. Ausbaustufe (1931) insgesamt 200 Betten.

Mit der Fertigstellung der Frauenklinik im Jahre 1931 war der gesamte Krankenhausneubau abgeschlossen. Fast 800 Betten für die Einwohner der Kreishauptmannschaft Zwickau, davon 150 für die Zwickauer Bevölkerung, standen jetzt für die Patienten zur Verfügung. Auf dem Gelände des Krankenstifts entstanden ab 1926/27 durch die Baugenossenschaft Siedlung am Krankenstift GmbH ebenfalls Wohnhäuser für das Personal des Krankenhauses. Hier wohnten auch Prof. Braun und später zeitweilig auch Prof. Kulenkampff.

Das Zwickauer Krankenstift galt viele Jahre lang als eines der modernsten Krankenhäuser Deutschlands. Ein Modell der Gesamtanlage wurde auf der Großen Ausstellung für Gesundheitspflege, soziale Fürsorge und Leibesübungen 1926 in Düsseldorf ausgestellt. Zahlreiche Architekten meldeten sich danach für Besuche an. Besonders hatten es ihnen die modernen Operationssäle und die Gebäude, als „Zwickauer Pavillons" bezeichnet, angetan, ebenso wie die nach Süden ausgerichteten Krankenzimmer mit den Dosquet'schen Fenstern, die sich mit einem Handgriff öffnen ließen und die den Krankensaal u. a. für die offene Wundbehandlung in eine licht- und luftdurchflutete Veranda verwandelten. Prof. Braun schuf mit seinen Bettenhäusern und den neuartig angeordneten OP-Sälen („OP-Säle so groß wie nötig, die Vorbereitungsräume so groß wie möglich") ein Krankenhaus neuen Typs. Fast alle Gebäude waren durch Laubengänge miteinander verbunden.

Am 1. April 1928 schied der Geheime Medizinalrat Prof. Dr. Heinrich Braun hochgeachtet aus dem Dienst. Er bezeichnete den Krankenhausneubau selbst als die Krönung seines Lebenswerkes. Nachdem er schon am 28. Januar 1926 zum Ehrenbürger der Stadt Zwickau ernannt worden war, widerfuhr Heinrich Braun eine weitere Ehrung, als am 28. Oktober 1934 das Krankenhaus seinen Namen erhielt. Das jedoch erlebte Heinrich Braun nicht mehr, da er am 26. April des gleichen Jahres in Ueberlingen am Bodensee verstorben war.

Am 1. April 1928 wurde der Oberreg.-Medizinalrat Prof. Dr. Karl Eskuchen (1885–1955, Innere Abteilung) als Ärztlicher Direktor und Prof. Brauns Schwiegersohn, Oberreg.-Medizinalrat Prof. Dr. Diedrich Kulenkampff (1880–1967), zum leitenden Arzt der Chirurgischen Abteilung berufen. Die Funktion des Direktors des Krankenstifts musste der Neurologe, Neurobiologe und Internist Prof. Eskuchen im Mai 1933 abgeben, da er Vorsitzender des inzwischen verbotenen Kreisverbandes Zwickau der Liga für Menschenrechte war. Darauf übernahm Prof. Kulenkampff am 3. Juni 1933 die Stelle des Ärztlichen Direktors (bis 1942).

Die Luftangriffe und die Kriegshandlungen im Zweiten Weltkrieg überstand das Krankenhaus ohne Schäden. Es diente seit 1939 auch als Lazarett für Kriegsverwundete.

Am 30. September 1945 wurde das ehemals Staatliche Krankenstift der Stadt Zwickau zugeordnet. Im Einzelnen gehörten dazu:

- eine Grundstücksfläche von 31,5 Hektar,
- 26 Betriebsgebäude,
- eine Schwesternschule,
- vier leitende Ärzte,
- zwei Oberärzte,
- 33 Ärzte,
- 184 Schwestern und Pfleger,
- 322 Personen sonstiges Personal.

Insgesamt waren 545 Personen beschäftigt.

Prof. Dr. Paul Heilmann übernahm in einer politisch und wirtschaftlich schwierigen Zeit im Sommer 1945 die Verantwortung als Ärztlicher Direktor.

Im Jahre 1950 arbeiteten im Heinrich-Braun-Krankenhaus folgende Fachbereiche:

- Chirurgie,
- Innere Medizin,
- Frauenheilkunde,
- Augenheilkunde (ab 1937),
- Haut- und Geschlechtskrankheiten,
- Hals-Nasen-Ohren-Abteilung,
- Bergbau-Abteilung,
- Physiotherapie (im Badehaus),
- Pathologie,
- Labor, Röntgenabteilung, Apotheke.

Im Lauf der Jahre bildeten sich neue selbstständige Fachdisziplinen heraus:

- 1952 Kinderheilkunde,
- 1957 Neurologie und Psychiatrie,
- 1958 Urologie,
- 1958 Kieferchirurgie,
- 1964 Kieferorthopädie (Parkstraße),
- 1964 Intensivmedizin,
- 1982 Rehabilitationsklinik,
- 1993 Unfallchirurgie,
- 1996 Strahlentherapie.

Am 1. April 1957 vereinigte sich das Heinrich-Braun-Krankenhaus mit dem Paul-Flechsig-Krankenhaus Zwickau zum Bezirkskrankenhaus „Heinrich Braun“ Zwickau, das nun für sechs Kreisgebiete mit 710.000 Einwohnern zuständig war. Ab 1987 war dieses Bezirkskrankenhaus auch ein Zentrum für Ärztliche Fortbildung in der DDR. Im Jahre 1989 wurde ein neuerbautes Küchengebäude eingeweiht.

Die mangelnde Instandhaltung und die fehlende Sanierung der Gebäude verschlechterten die Aufenthalts- und Arbeitsbedingungen im Krankenhaus. Nach dem 3. Oktober 1990 gewährte das neugegründete Sächsische Staatsministerium für Soziales, Gesundheit und Familie großzügige finanzielle Unterstützung bei den Sanierungs- und Neubaumaßnahmen. Gleichzeitig wurde das Konzept des Krankenhauses überarbeitet. Schwerpunkt war die Zentralisierung aller Abteilungen.

Auf dem Krankenhausgelände an der Karl-Keil-Straße 35 arbeiten auch die folgenden Kliniken:

- die Klinik für Neurologie/Psychiatrie (vormals am Schlobigplatz),
- die Säuglingsklinik/Neonatologie (vormals am Schlobigplatz),
- die Klinik für Orthopädie (vormals in der Crimmitschauer Straße 2),
- die Klinik für Augenheilkunde (vormals in der Stiftstraße).

Die Abteilung für chronisch Kranke wurde in ein Pflegeheim verlegt und die Rehabilitationsklinik an der Freitagstraße (ehemaliges Nachtsanatorium für die Bergarbeiter) aufgelöst. Die Gärtnerei, die Wäscherei und die Reinigung, aber auch das Pathologische, das Mikrobiologische und das Kieferorthopädische Institut, die Abteilung Nuklearmedizin und die Poliklinik West wurden privatisiert. Die Rettungsmedizin erhielt im Jahre 1991 den ersten Rettungshubschrauber in den neuen Bundesländern. Heute bestehen am Städtischen Klinikum „Heinrich Braun“, dem ehemaligen Krankenstift bzw. Heinrich-Braun-Krankenhaus, vier leistungsfähige Zentren mit 14 Fachkliniken und sechs fachübergreifenden Abteilungen. Die Zentren sind:

- die Neurologie/Psychiatrie (Neubau 1993),
- die operativen Disziplinen (Neubau für operatives Zentrum 2003),
- die Innere Medizin,
- die Frauenheilkunde/Kinder- und Jugendmedizin/Augenheilkunde.

Neben den Neubauten erfuhren inzwischen auch zahlreiche Gebäude und Stationen eine grundlegende Sanierung, zum Teil bei laufendem Betrieb. Die Modernisierung wird weitergeführt.

2

Bilder erzählen Geschichte

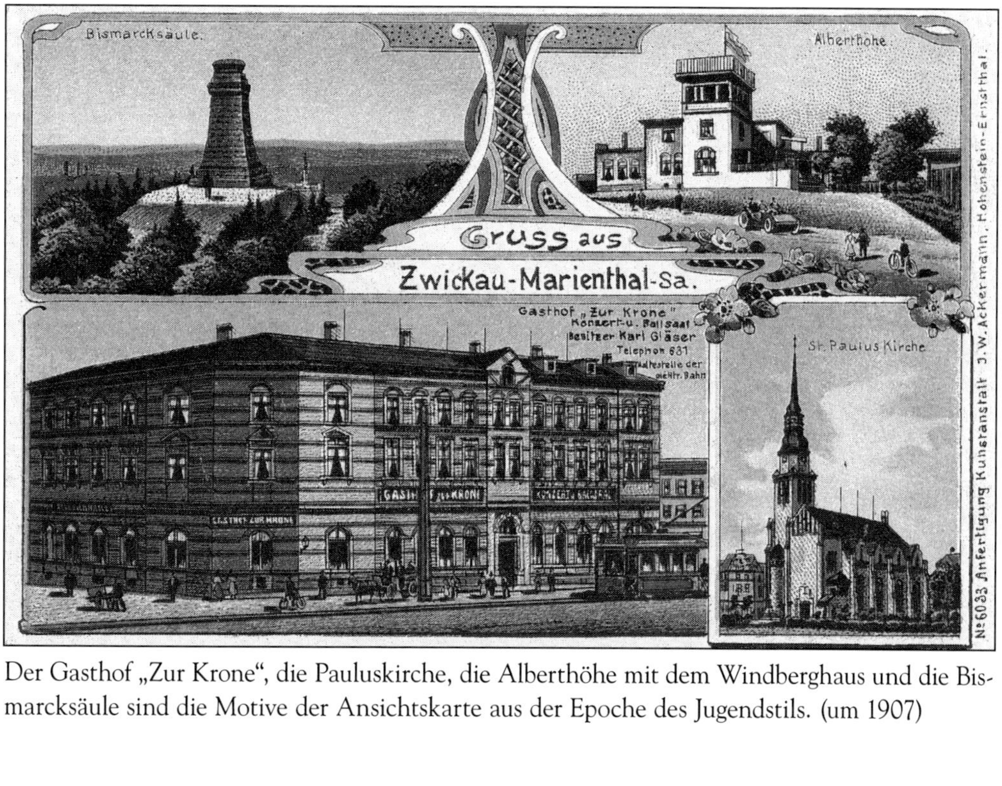

Der Gasthof „Zur Krone“, die Pauluskirche, die Alberthöhe mit dem Windberghaus und die Bismarcksäule sind die Motive der Ansichtskarte aus der Epoche des Jugendstils. (um 1907)

Dieser Stadtplan aus dem Jahre 1956 zeigt den Zwickauer Stadtteil Marienthal mit den jetzt dazugehörigen Flächen der ehemaligen Lichtentanner Ortsteile Brand und Maxhütte. (1956)

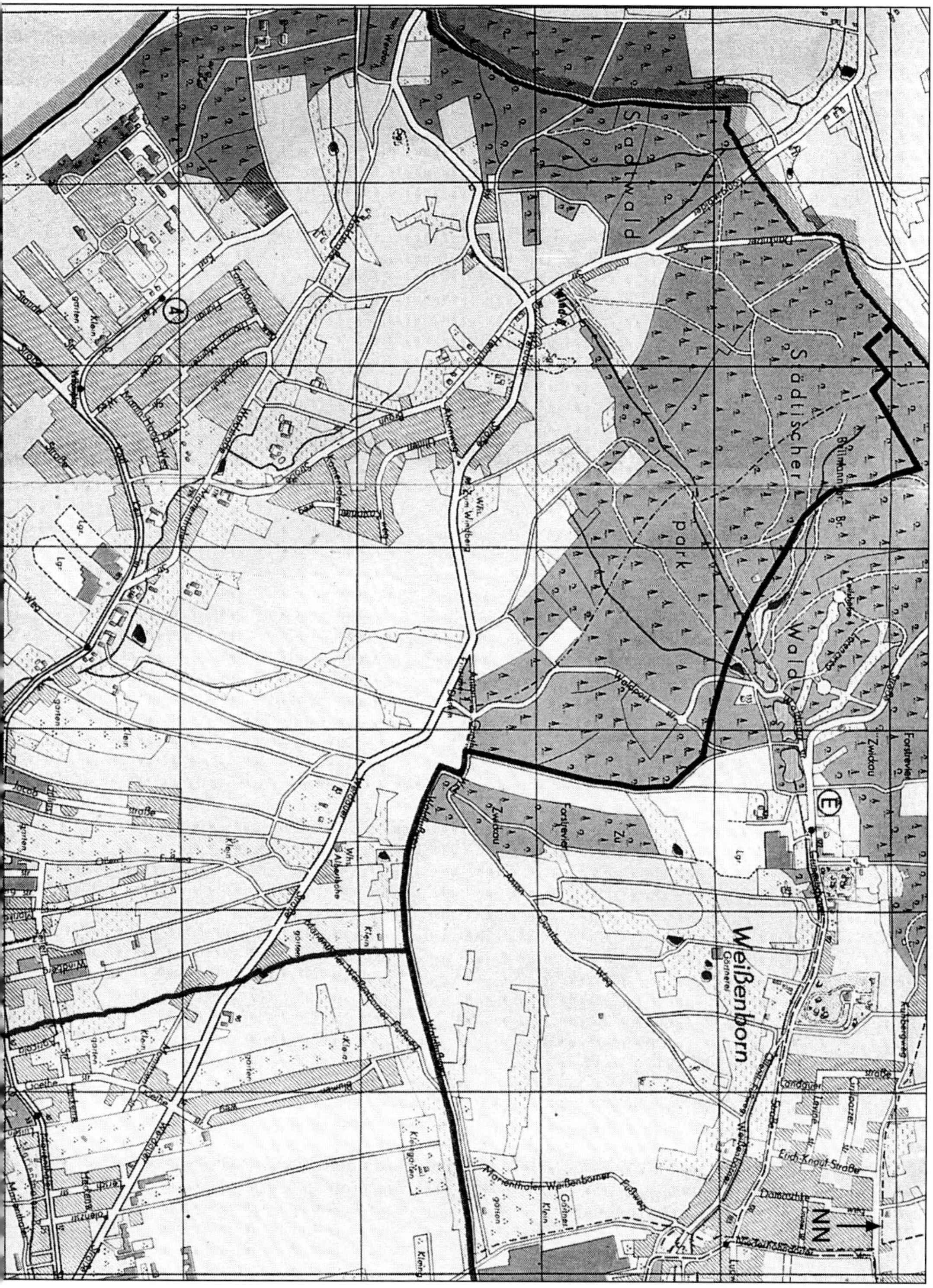
Stadtwald
Städtischer
park
Wald
Weißenborn
Zwickau
Forstrevier
Waldpark
Marienthaler Weißenborner Fußweg
Erich-Knauf-Straße
Kleingarten
NN

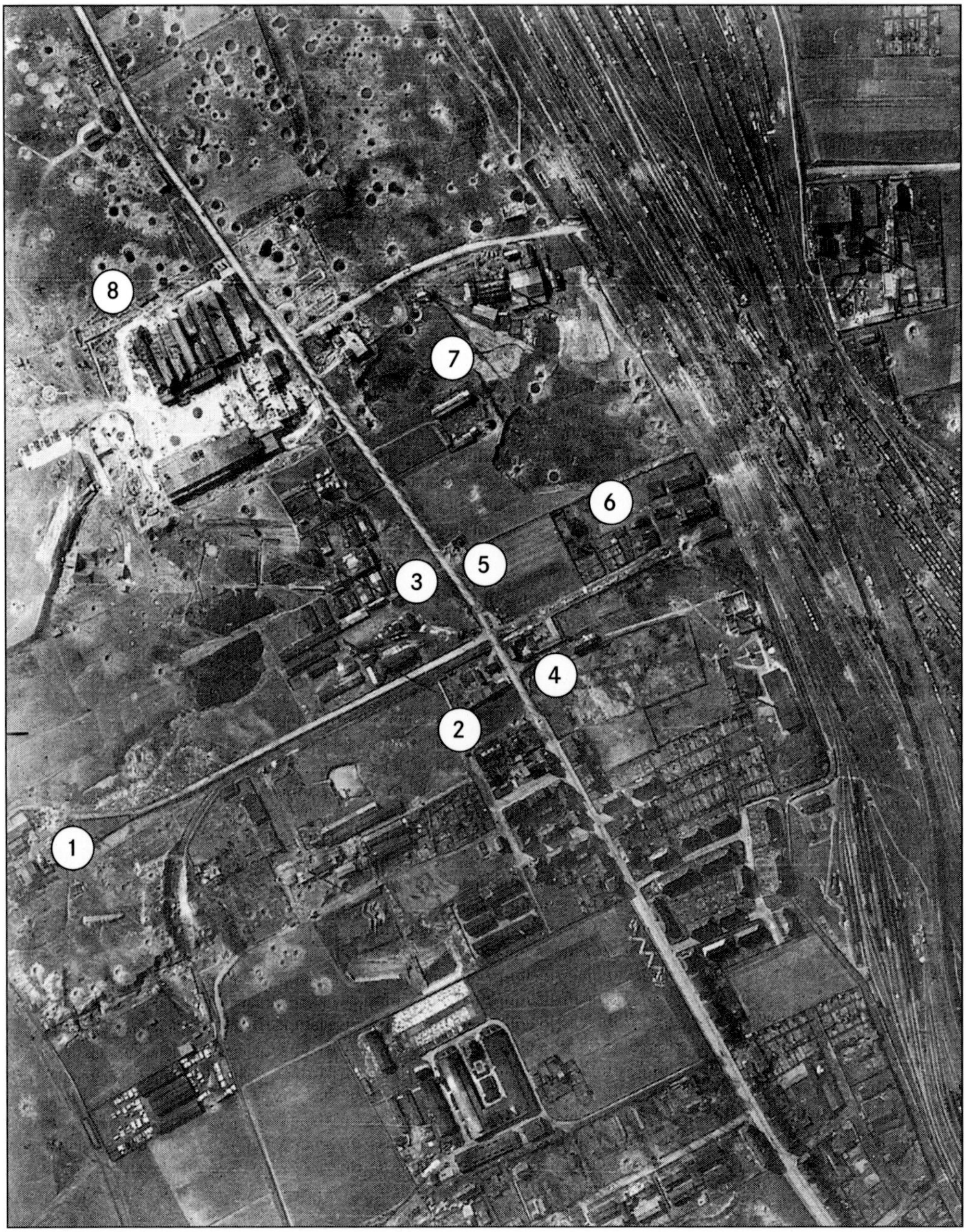

Auf diesem Luftbild eines amerikanischen Aufklärers vom 23. März 1945 kann man den ehemaligen Segen-Gottes-Schacht am linken Bildrand (1) und an der Reichenbacher Straße die Grundstücke der Rhenania Ossag AG (2), der Ziegelei Emil Selbmann (3), der Scholdei KG (4) und der DEROP-Tankstelle (5) erkennen. Am Ende der Trasse der Bürgerschachtbahn befindet sich das Röhrenwerk Richter (6), das später in den Besitz der Dampfziegelei Kreß (7) an der Olzmannstraße 71 gelangte. Heute hat hier der Tief- und Gleisbaubetrieb Lasch GmbH seinen Sitz. Links oben befindet sich das Ziel der Luftangriffe – das Flugzeugreparaturwerk Basser (8) und der Zwickauer Flugplatz. (1945)

Im Galgengrund teufte ab 1841 der Erzgebirgische Steinkohlen-Aktienverein (ESTAV) zu Zwickau als ersten Schacht dieser Gesellschaft den Segen-Gottes-Schacht ab. Am 28. November 1845 konnte im 312 Meter tiefen Schacht, der hier aus Richtung Südwesten dargestellt ist, die Förderung aufgenommen werden. Am 13. Dezember 1847 erhielt er als erster Schacht im Zwickauer Steinkohlenrevier einen Gleisanschluss. (1859)

Eine Dampffördermaschine (18 PS) und eine Dampfwasserhaltungsmaschine (50 PS) erleichterten den Bergleuten des Segen-Gottes-Schachtes die Arbeit. Die geförderte Steinkohle verarbeitete man zu einem Teil in 24 Koksöfen zu Koks. Dieser Schacht wurde im Jahre 1917 stillgelegt und in den folgenden beiden Jahren verfüllt. (um 1914)

Der etwas großspurig als „Flughafen“ bezeichnete Zwickauer Flugplatz an der Reichenbacher Straße verfügte anfangs nur über dieses hölzerne Gebäude, in dem die Flugleitung und ein Stellplatz für ein Flugzeug – hier ein Flugzeug des Typs M 18b – untergebracht waren. (um 1928)

Als erstes privates Flugzeug steuerte die Maschine des Weltkriegsfliegers Alfred Thomä den Flugplatz an. Thomä pachtete 1930 die Flughafen-Gastwirtschaft von der Aktienbrauerei Zwickau-Glauchau AG (später Sächsische Union-Brauerei, Uferstraße 2). (1927)

Das obere Bild dieser Ansichtskarte zeigt zwei Flugzeuge der Deutschen Lufthansa auf dem Zwickauer Flugplatz. Rechts das Flugplatzgebäude mit der Aufschrift „Zwickau". Im unteren Foto die Flughafengaststätte des Weltkriegsfliegers Alfred Thomä. (um 1931)

Das Flugzeugwerk Basser war 1938 von Berlin-Tempelhof zum Zwickauer Flugplatz verlagert worden. In der Reparaturhalle für die Jäger FW 190 sollte ein Feldwebel mit Ritterkreuz vor der Belegschaft von den Kämpfen an der Ostfront berichten. Rechts in der ersten Reihe sitzt Gustav Basser. (um 1943)

Im Sommer 1976 fanden auf dem Zwickauer Flugplatz die Bezirkswehrspartakiade und ein Flugplatzfest der Gesellschaft für Sport und Technik (GST) statt. Zahlreiche Zuschauer schauten dem Modellflug zu. (1976) Foto: Karl Wolf

In Marienthal arbeiteten zeitweilig neun Ziegeleien. An der Bernhardstraße befand sich der VEB Ziegelkombinat Karl-Marx-Stadt, Betriebsteil Zwickau. Diese Dampfziegelei gehörte früher Eduard Beyer. Im Hintergrund (vor dem Hochhaus) stehen die Verwaltungs- und Instandhaltungsgebäude. (1980) Foto: Karl Wolf

Die Feldbahn (Spurweite 500 mm) der Ziegelei nutzte eine Gleislänge von etwa zwei Kilometern. Auf der Freifläche hinter dem Zug steht heute der MTB-Markt. (1980) Foto: Karl Wolf

Das Bauerngut an der Zwickauer Straße 2 (ab 1938 Marienthaler Straße 76), von der Marienthaler Straße aus gesehen, gehörte der Stadtgemeinde Zwickau, d. h. es war ein Stadtgut. Der Landwirt Paul Ulbrich war dessen Pächter. An der Stelle der Scheune steht heute ein Wohnhaus. (um 1955)

Die abseits an der Fritz-Heckert-Straße (ab 1997 Joliot-Curie-Straße 2) gelegene Kinderkrippe „Anne Frank“ wurde am 28. Januar 1964 für 55 Kinder eröffnet. Im Jahre 1980 wurde diese Einrichtung in eine Tageskrippe und im September 1993 in eine Kindertagesstätte für Kinder bis zur 4. Klasse umgewandelt. (um 1966)

Hugo Zech hatte ab 1919 in der Windbergstraße 33 einen Gartenbaubetrieb. Nach seinem Tode im Jahre 1971 führten seine Töchter Lieselotte Thiel und Christa Kröber den Betrieb bis 1986 weiter. (um 1955) Foto: Dagmar Kröber

Im Sommer 1955 arbeiteten Hugo Zech (1891–1971) und seine Frau Martha Zech (1894–1974) in den Frühbeeten der Gärtnerei. Als Dienstleistung züchteten sie Blumen und Gemüse, arrangierten Blumengebinde und pflegten Gräber. (1955) Foto: Dagmar Kröber

Von der Windbergstraße aus führte der sogenannte Ulrichweg durch die Felder bergan zur Werdauer Straße. Oft nutzten Fußgänger aus der Marienthaler Neubausiedlung diesen Weg, um zum Waldpark zu laufen. (um 1965) Foto: Dagmar Kröber

Der Fritscheplatz war im Jahre 1912 zu Ehren des Mitbegründers des Erzgebirgs-Zweigvereins Prof. Dr. Ernst Fritsche so benannt worden. Die Antonstraße ist als unvollendeter Abzweig zu sehen. Ab 27. Juli 1959 konnte nach 821 Metern Gleisverlegung die Straßenbahn von hier über die Antonstraße bis zum Klubhaus „7. Oktober" fahren. Hinter der Straßenbahn ist die Gaststätte „Centralhalle" zu erkennen. (um 1910)

Vom Fritscheplatz aus führt die Zimmermannstraße in Richtung Norden. Diese Straße wurde nach dem Werdauer Kaufmann Franz Zimmermann benannt, der zahlreiche Projekte in Marienthal finanziell unterstützte. In dem Eckhaus Marienthaler Straße 80 befand sich im Erdgeschoss das Zweig-Postamt 4. Die Masten im Vordergrund gehören zur Straßenbahntrasse. (um 1913)

Von der Spitze der Pauluskirche gleitet der Blick über den östlichen Teil Marienthals. Gut erkennbar ist die Zwickauer Straße (später Marienthaler Straße) und im Vordergrund das Dach der Paulusschule (später Rudolf-Weiß-Schule II). (um 1914)

Rechts steht an der Zwickauer Straße 12 (ab 1938 Marienthaler Straße 82) die Gaststätte „Centralhalle", in der oft die Heimatdichterin Marianne Hütel (1911–1983) auftrat. Emil Martin, Max Schmutzler, August und Frieda Meinhold waren die Gastwirte. Links zweigt die Sonnenstraße ab. In der Nr. 2 arbeiteten Martin Thoß und danach Arno Kühn als Bäckermeister. (um 1928)

Diese Gaststätte namens „Germania" befand sich in der Zwickauer Straße 29 (später Marienthaler Str. 115). Gustav Tröger und Robert Seidel folgte Hermann Weller als Gastwirt. Er steht mit seinen Kindern im Eingang zur Gastwirtschaft. Weller war nur der Pächter, denn das Gebäude gehörte der Brauerei Ernst Fischer (Zwickauer Straße 74, ab 1938 Marienthaler Straße 156). (1913)

Die Planitzstraße wurde im Jahre 1903 zu Ehren des letzten Ortsvorstehers von Marienthal in Olzmannstraße umbenannt. In der vor 1883 erbauten Nr. 8 verkaufte Bernhard Josiger Kolonialwaren und Farben. Außerdem betrieb er eine Schankwirtschaft mit Saal, für die er 1898 die Schankgenehmigung erhielt. (um 1912)

Der Schwiegersohn Josigers, Richard Trommer übernahm das Haus etwa 1929. Dessen Sohn Gottfried Trommer (hier in seinem Geschäft) führte das Geschäft, mit dem Inventar aus dem Jahre 1898 ausgestattet, von 1945 bis 1994. Im Saal etablierte sich der erste Jugendclub in der DDR namens „Johannes R. Becher“. (1991)

Im Jahre 1891 ließ Karl Gläser den halb links stehenden Gasthof „Zur Krone" erbauen (Zwickauer Straße 31–33, später Marienthaler Straße 119–121). An der Kreuzung mit der Pestalozzistraße (später Mörikestraße) steht der Bäcker Hermann Helbig im Eingang seines Geschäftes. Dieses Haus wurde 1890 erbaut. (um 1912)

Helmut Hähnel richtete sich 1933 in der Mörikestraße 6 in zwei Wohnräumen seinen beliebten „Tante-Emma-Laden" ein, den er „Markthalle" nannte. Die Tochter Beate und ihr Ehemann Manfred Kosterka führten das Geschäft bis Mitte der 1990er-Jahre weiter. (um 1938)

Die Zwickauer Straße (Marienthaler Straße). Links befindet sich der Gasthof „Zur Krone", während rechts die Häuser Nr. 22 (Paul Gerber, Manufakturwaren, 1885 erbaut), Nr. 24 (Wilhelm Hillmer, Friseur, 1872 erbaut), Nr. 26 (Richard Elssner, Schmiedemeister, 1888 erbaut) und Nr. 28 (Bernhard Schneider, Kolonialwaren und Farben, 1888 erbaut) stehen. (um 1928)

Der Gasthof „Zur Krone" verfügte über einen Konzert- und Ballsaal. Etwa 1933 erwarb die Pauluskirchgemeinde das Etablissement und richtete darin ihr evangelisches Vereinshaus ein. Die Pächter hießen Arno Böhme und danach Johannes Franke. Am 1. Oktober 1938 öffnete Gustav Heidholz sein Kino „Marienthaler Lichtspiele" (MALI genannt, bis 31. Januar 1979 in Betrieb). (1930)

Die Paulusstraße führt von der Marienthaler Straße zur im Hintergrund sichtbaren Pauluskirche. In der Nr. 1 (links im Bild) betrieb Johannes Seidel eine Fleischerei. In dem rechten, etwa 1860 erbauten Eckhaus mit der Nr. 2 hatte Max Leichsenring eine Papierhandlung und Buchbinderei. (um 1912)

Diese Straßenbahn fährt durch die Zwickauer Straße, die spätere Marienthaler Straße, mit den Hausnummern 112, 118 (in der DDR Sitz der Sparkassenfiliale Marienthal), 120 (Gasthof „Marienthal“) und 122 (heute Hotel „Marienthal“). (um 1911)

An der Straßenkreuzung Mörikestraße/Antonstraße befand sich dieses Geschäfts- und Wohnhaus. Der Eingang führte in die Bäckerei/Konditorei Alfred Müllers. Zu DDR-Zeiten befand sich darin das Geschäft von Hilde Müller. Links stehen vor dem Friseurgeschäft Friseurmeister Otto Rößler und sein Gehilfe. (um 1930)

Das 1901 erbaute Wohn- und Geschäftshaus in der Marienthaler Straße 117 (früher Zwickauer Straße 29A). Dora Pöller führte das Zigarren-, Richard Selbmann das Schokoladengeschäft (l.). Dazwischen konnte man Kleidung zum Reinigen und Färben abgeben. Rechts zweigt die Südstraße ab. (1928) Foto: Sammlung Reiko Seitz

Der Fleischer Arno Trögel – über der Ladentür befindet sich sein Namenschild – führte in der Antonstraße 14 ein Lebensmittelgeschäft. Es handelt sich um das 1900 erbaute Eckhaus zur Döhnerstraße. Ein Werbeschild weist auf den „feinsten Bohnenkaffee“ hin, den der Geschäftsinhaber, mit seiner Tochter in der Tür stehend, verkaufte. (1933)

An der Haltestelle Klubhaus „7. Oktober" stiegen nachmittags immer viele Menschen aus der Straßenbahn der Linie 4 aus und liefen nach Hause. Ein mit Sand beladener LKW vom Typ Skoda fährt an der Straßenbahn vorbei. (1982) Foto: Karl-Heinz Pluntke

Die Straßenbahnwendeschleife für die Linie 2 wurde im Jahre 1959 eingerichtet. In dem Eckhaus Marienthaler Straße / Paulusstraße befand sich ein HO-Fachgeschäft für Wild und Geflügel. (1964) Foto: Karl-Heinz Pluntke

Diese Straßenbahn steht in der heutigen Marienthaler Straße etwa dort, wo sich jetzt die Wendeschleife Paulusstraße befindet. Der Straßenbahntriebwagen wurde 1894 von der MAN und den Schuckert-Werken gebaut. (um 1905)

Der in der zweiten Etage seines Wohnhauses Zwickauer Straße 43 (später Marienthaler Straße 129) wohnende Kaufmann Wilhelm Dippner richtete im Erdgeschoss ein Warenhaus ein, in dem es Waren des täglichen Bedarfs zu kaufen gab. Nach 1945 wurde es zur Verteilerstelle 100 der Konsum-Genossenschaft Zwickau eGmbH umgewandelt (Kaufhaus West, heute eine Drogerie). (um 1910)

Unmittelbar östlich (links im Bild) der Kirche befindet sich das ehemalige Rittergut Marienthal. Man erkennt den zweigeschossigen Rechteckbau an seinem abgewalmten Mansarddach. Hinter dem Dorf Marienthal erstreckt sich eine hüglige Landschaft. Links sind in der Ferne die Schlosskirche und das Schloss von Planitz zu sehen. (1840)

Diese Lithografie zeigt das Rittergut Marienthal und dahinter die im Jahre 1899 abgebrochene Marienthaler Kirche. In der Reihe von etwa zwei Dutzend Eigentümern ragen der Landrentmeister Hans von Mergenthal (bis 1478) und Martin Römer (1478–1484) hervor. Im Jahre 1925 ging ein Teil des Ritterguts in städtischen Besitz über. (1840)

Das Herrenhaus des Rittergutes wurde in der zweiten Hälfte des 18. Jahrhunderts erbaut und blieb bis heute erhalten. Der zweigeschossige Rechteckbau hat ein abgewalmtes Mansarddach. Die Fassade ist mit Lisenen, d. h. mit optischen Wandverstärkungen, und mit Festons, Verzierungen über den Fenstern, geschmückt. (1990) Foto: Wolf-Dieter Röber

Der Pauluskirchplatz mit der Pauluskirche, der Paulusschule (3. Schule), der alten Schule (2. Schule) und dem Kantorhaus im Vordergrund. Der Grundstein für die Kirche wurde am 10. November 1899 gelegt, der Bau am 4. September 1900 gehoben und am 10. Dezember 1900 der Turmknopf aufgesetzt. Die Pauluskirche konnte am 14. Oktober 1901 feierlich geweiht werden. (um 1910)

Die Marienthaler Kirche entstand 1722 an der Stelle eines alten Gotteshauses. Ursprünglich lag der von einer Bruchsteinmauer umgebene Marienthaler Friedhof an der Kirche. Etwa 1865 wurde dieser Friedhof weiter südlich neu angelegt. Im Jahre 1906 ging der Paulusfriedhof in städtischen Besitz über. Rechts im Bild die 1783 erbaute Kirchschule. (um 1880)

Dieses Foto gibt nach der Verlegung des Friedhofs und dem Abbruch der Mauer den Blick auf die Marienthaler Kirche frei, die im Jahre 1899 der neuen Kirche weichen musste. Dabei kam die Orgel des Adorfer Orgelbauers Johann Paul Trampeli (1708–1764) in Einzelteilen zum Verkauf. Am 19. August wurde in dieser Kirche der letzte Gottesdienst abgehalten. (um 1895)

Der Altar, mit Christus am Kreuze, darunter Maria und Johannes, besteht aus Cottaer Sandstein, Kalkstein, Marmor und Alabaster. Die Glasmalereien an den vier Sakristei-, acht Schiff- und zwei Haupteingangsfenstern schuf die Firma Schlein aus Zittau. Die Kirche wurde vom Leipziger Architekten Julius Zeißig entworfen und vom Zwickauer Baumeister Franz Wolf errichtet. (um 1910)

Die Orgel erbaute die Firma Kreutzbach aus Borna. Die drei insgesamt 11.356 Kilogramm schweren Bronzeglocken mit den Wappen des Deutschen Reiches, des Königreichs Sachsen und der Stadt Zwickau, die während des Ersten Weltkrieges abgeliefert werden mussten, wurden im Jahre 1922 durch Stahlgussglocken ersetzt. (um 1910)

Die erste Schule von Marienthal wurde im Jahre 1783 erbaut. Am Eingang steht der Schulhaus- und Nachtschutzmann Hermann Lang. Rechts erhebt sich das Kantorenhaus, in dem sich im Erdgeschoss ebenfalls Schulräume befanden. Die Eiche fiel im Jahre 1911 einem Unwetter zum Opfer. (um 1895)

Die zweite Schule von Marienthal wurde im Jahre 1877 erbaut und 1884 wegen des erhöhten Platzbedarfes um eine Etage aufgestockt. Das Kantorenhaus (rechts) wurde 1860 seiner Bestimmung übergeben und neun Jahre später ebenfalls vergrößert. Zuerst wohnte darin Kantor Grossmann, dann Kantor Bernhard Nestler und schließlich Kantor Meschner. (um 1880)

Am Pauluskirchplatz war 1944/45 eine Auffangstelle für Luftkriegsgeschädigte. Während des amerikanischen Luftangriffs am 19. März 1945 wurde das Gebäude schwer beschädigt. In der Theodor-Körner-Schule (im Hintergrund) waren auch die Schulklassen der Blücherschule (nach 1945 Fröbelschule) untergebracht, da in deren Räumen ein Lazarett eingerichtet war. (1945)

Dieses Klassenfoto entstand im Jahre 1908 vor der Paulusschule. Der Lehrer war wegen seiner Strenge von den Kindern gefürchtet. Als bekanntester Direktor der Schule bleibt Dr. Richard Braune in Erinnerung. (1908)

Vom Turm der Pauluskirche blickt man auf das Gut des Landwirts Hermann Falke, später der Brüder Paul und Fritz Falke (Zwickauer Straße 47B abseits, ab etwa 1938 Hoferstraße 42). Dahinter steht das sogenannte Pietsch-Häusel. Die Bülaustraße verläuft hier noch nicht direkt bis zur Marienthaler Straße, sondern biegt in die Hoferstraße ein. (um 1925)

Das Foto zeigt die westliche Seite des Heinrich-Gutes. Dahinter erhebt sich die Pauluskirche. (um 1980)

Bis in die zweite Hälfte der 1920er-Jahre endete die Bülaustraße nur wenige Meter hinter dem Pauluskirchplatz. Im Hintergrund erkennt man den Gasthof „Marienthal" an der Zwickauer Straße (Marienthaler Straße). Der Fußweg rechts führt zum Paulusfriedhof und zu den Eisenbahnwerkstätten (später RAW). (um 1913)

Anfang der 1950er-Jahre war die Bülaustraße wieder ein Stück verlängert worden. In den 1920er-Jahren ließ die Eisenbahner-Baugenossenschaft eGmbH diese Wohnhäuser erbauen. Der Rechtsanwalt und Oberjustizrat Ernst Bülau (1843–1921) war Ehrenbürger der Stadt Zwickau. (um 1950)

Am 31. Dezember 1968 wurde mit der Übergabe der letzten reparierten Dampflok 58 3031 des Bw Gera die Reparatur von Dampfloks im Raw „7. Oktober“ Zwickau offiziell beendet und mit der Herstellung von Containern begonnen.

Blick auf den heute noch betriebenen Werkteil des ehemaligen Raw, die spätere Servicewerkstatt der DB Fahrzeuginstandhaltung GmbH und heutiges Fachzentrum Zwickau. (25.6.1998) Foto: Rainer Heinrich

Der Gasthof „Marienthal“ in der Zwickauer Straße 44 (Marienthaler Straße 120) war seit etwa 1850 eine der Einkehrmöglichkeiten in Marienthal. Seit dem 7. Oktober 1904 verkehrte die Straßenbahn zwischen Pölbitz und dem Gasthof „Marienthal“ (heute Jugendzentrum). (1906)

Die vor dem stattlichen Gasthof „Marienthal“ stehenden Bäume wurden später beseitigt. Über das Dach des Gebäudes führen Telefonleitungen, die an dem Gestell befestigt sind. Der schattige Konzertgarten zog im Sommer zahlreiche Gäste an. (um 1913)

Ein geräumiger Saal mit einer Bühne und einer Empore stand für die verschiedensten Veranstaltungen zur Verfügung. Kleinere Gesellschaften konnten sich in das Vereins- oder in das Damenzimmer begeben. Ab Anfang der 1950er-Jahre wurde der Gasthof als Klubhaus und Turnsaal des Reichsbahnausbesserungswerkes (Raw) mit dem Namen „7. Oktober" genutzt. (um 1912)

Der Gasthof „Marienthal" war auch unter dem Namen „Keglerheim" bekannt. Gastwirt Emil Schütze bezeichnete seine Kegelhalle als „größte Sporthalle Sachsens". Immerhin standen sechs Kegelbahnen zur Verfügung. (um 1912)

Das Gut in der Marienthaler Straße 137 war der Stammsitz der Familie Jacob. Heute stehen hier neuerbaute Wohn- und Geschäftshäuser. Die Kinder von Eduard Jacob, Curt und Paul, gründeten 1898 die Metallwarenfabrik Gebrüder Jacob in der Seilerstraße 7. Im Jahre 1892 wurde die von der Marienthaler Straße abzweigende Straße nach dieser Familie benannt. (um 1938)

Im Mai 1982 war die Marienthaler Straße wegen Bauarbeiten halbseitig gesperrt. Hinter der Straßenbahn steht eine Ampel, vor der etliche Fahrzeuge warten. Im Bild sind die Nr. 120 (Gasthof „Marienthal"), 122 (heute Hotel „Marienthal") und 124 (1877 erbaut, 2010 abgebrochen) zu sehen. (1982)

Diese Ansichtskarte mit der heutigen Marienthaler Straße (Blick stadtauswärts) vermittelt einen ruhigen Eindruck. Rechts, neben dem Wohnhaus Nummer 124, bildet diese Straße mit der Jacobstraße eine Kreuzung. Der Baum steht vor dem Marienthaler Gemeindeamt. (um 1900)

Vor dem Elternhaus des letzten Gemeindevorstehers Ernst Louis Olzmann (1838–1920) haben sich für das Foto zahlreiche Verwandte und Nachbarn eingefunden. Neben Ernst Louis' Vater Gottlieb mit der weißen Schürze steht dessen Schwester Sidonie verh. Schröder. Rechts neben Ernst Louis hält sich der zweite Marienthaler Schutzmann Gustav Claus am Metallzaun fest. (vor 1871)

Auf der Treppe seines Hauses an der Zwickauer Straße 37 (nach 1938 Marienthaler Straße 128) steht der Gemeindevorsteher Marienthals, Ernst Louis Olzmann. Er übte sein Amt von 1875 bis 1902 aus. Außerdem war er Standesbeamter, Orts- und Friedensrichter, Lokal- und Steuereinnehmer. Nach ihm wurde die Olzmannstraße benannt. (1914)

Das Olzmann-Haus wurde bis 1902 auch als Gemeindeamt genutzt. Der Vorgarten musste einer Straßenverbreiterung der Zwickauer Straße weichen und der Hauseingang deshalb nach hinten verlegt werden. Das Gebäude wurde im Jahre 1961 abgebrochen. (1960)

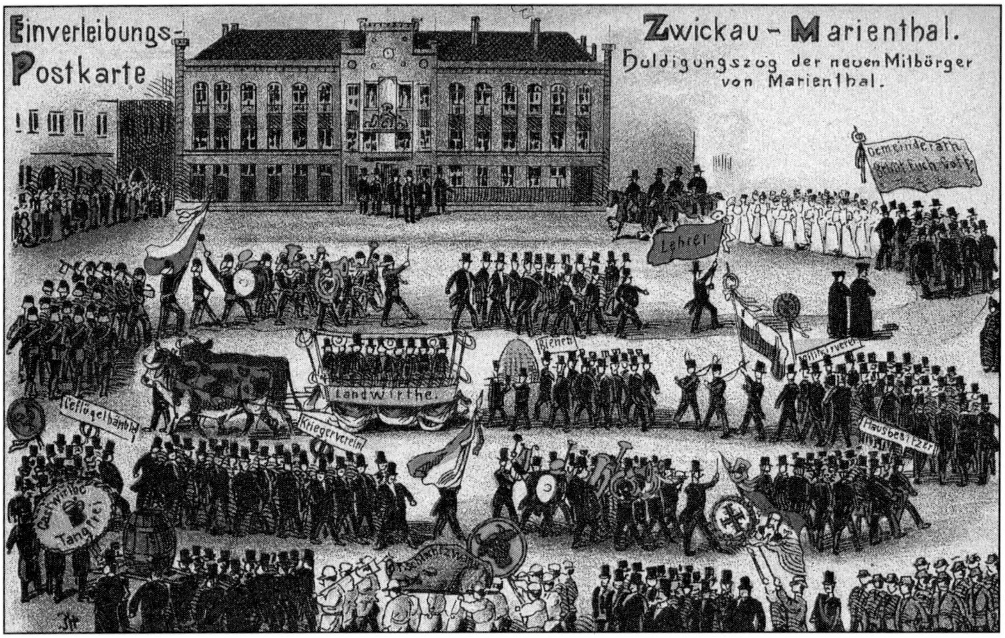

Diese „Einverleibungspostkarte“ zeigt den Huldigungszug der Marienthaler Bürger vor dem Zwickauer Rathaus mit dem davor stehenden Oberbürgermeister Karl Keil und dem Stadtrat. Es marschierten u. a. auf: der Gemeinderat, die Lehrer, die Feuerwehr, die Landwirte und Bienenzüchter, der Militärverein, die Hausbesitzer, der Kriegerverein, die Gastwirte, Fleischer und Turner. (1902)

Die zweite „Einverleibungspostkarte“ zeigt – unter dem strengen Blick eines Schutzmannes – die „Ablegung des Bürgereides der Marienthaler vor dem Rath der Stadt Zwickau“. Während des „Einverleibungs-Kommerses“ in Marienthal wurde ein Telegramm an den sächsischen König Georg geschickt, in dem „unwandelbare Treue und ehrerbietigste Huldigung“ gelobt wurden. (1902)

Das Bild zeigt den Beginn der Augustusstraße, die hier von der Zwickauer Straße abzweigt. In der Mitte steht das verlassen wirkende Haus in der Zwickauer Straße 51 (später Marienthaler Straße 145), in dem Isidora Seidel jahrzehntelang eine Lebensmittelhandlung betrieb. (um 1910)

Die Berufsfeuerwehr musste ausrücken, um diesen umgestürzten Mitteleinstiegswagen der Zwickauer Straßenbahn mit Hilfe einer Seilwinde wieder aufzurichten. Der an der Endhaltestelle am HBK stehende, nicht gesicherte Wagen war bis vor die Marienthaler Straße 134 gerollt und dann umgekippt. (1962)

In der Zwickauer Straße 58 (Marienthaler Straße 134) betrieb Clara Mehler ein Lebensmittelgeschäft. Heute befindet sich hier das Büro des Klempnermeisters Jochen Mehler. (1931) Foto: Sammlung Jochen Mehler

In dem 1886 erbauten Wohnhaus Zwickauer Straße 62 (Marienthaler Str. 138) wohnte in der ersten Etage der Hausbesitzer, Oberlehrer Paul Wolf, darunter der Kunststeinfabrikant Max Luckner. (1926) Foto: Sammlung Jochen Mehler

Die Geschäftsinhaberin Clara (rechts), Ehefrau des Klempnermeisters Franz Mehler, und ihre Tochter Wally ließen sich hier in ihrem Lebensmittelgeschäft, das in einen Kellerraum eingebaut worden war, fotografieren. (1931) Foto: Sammlung Jochen Mehler

Die Werkstatt der im Juli 1927 gegründeten Klempnerei Karl Mehler im Hintergebäude der Marienthaler Straße 134. Als Zweiter von rechts arbeitet Franz Mehler, Vater von Karl und Großvater von Jochen Mehler, der seit 1971 Eigentümer der Klempnerei ist. (um 1930) Foto: Sammlung Jochen Mehler

Die Klempnerei Karl Mehler führte im Jahre 1930 die Klempnerarbeiten an Dach und Turm der Methodistenkirche in der Oberplanitzer Richardstraße aus. Karl Mehler präsentiert hier die Turmkugel kurz vorm Aufsetzen. (1930) Foto: Sammlung Jochen Mehler

Das Bauerngut Otto Singer in der Zwickauer Straße 61A abs. (Marienthaler Straße 155 abs) wurde etwa 1928 an die Stadt Zwickau verkauft. Ab 1933 waren darin die „Siedlerinnen-Schule Marienhof, Arbeitslager im Gau 16" und ab etwa 1939 der NSDAP-Kindergarten untergebracht. Die Scheune wurde abgebrochen, das Wohnhaus dient heute als Kindertagesstätte. (1934)

Dort, wo heute auf dem Sportplatz von Lok Zwickau Fußball gespielt wird, war dieser Teich. Er befand sich zwischen dem Bauerngut Richard Schumann (Marienthaler Straße 162) und dem Gut des Pächters Iwan Backmann (Marienthaler Straße 164). (um 1950)

Emil Pfeifer gehörten das Bauerngut an der Zwickauer Straße 86 (Marienthaler Straße 166) und eine Ziegelei. Sein Sohn Max führte den landwirtschaftlichen Betrieb, der andere Sohn Kurt die Ziegelei in der Marienthaler Straße 185 weiter. Kaum zu glauben, dass diese feldwegartige Straße die heute so stark befahrene Marienthaler Straße ist. (1907)

Rechts mündet der Brander Weg in die Marienthaler Straße. Die Straßenbahngleise wurden um 1966/67 neben die Straße verlegt. Halb rechts ragt das Dach des Bauerngutes Max Hölig (heute Weingut Marienthal) an der Marienthaler Straße 171 empor. Der Schornstein (links) gehörte zur ehemaligen Brauerei Fischer. (um 1950)

Vor dem Pfeifer-Gut an der Waldstraße 1 lag in der Karl-Keil-Straße ein Straßenbahnausweichgleis, wie man an den beiden entgegenfahrenden Straßenbahnen sieht. Die Neubauten am Eschenweg fehlen auf dem Bild noch. Links das Gebäude Karl-Keil-Straße 2 mit der Molkerei Erich Grünert. (um 1961)

Dieses Foto des ehemaligen Pfeifer-Gutes in der Zwickauer Straße 69 (später Marienthaler Straße 185, jetzt Waldstraße 1) entstand von der Karl-Keil-Straße aus. Das Gut des Ziegeleibesitzers Kurt Pfeifer wich im Jahre 1995 einem Neubau. (1990) Foto: Sammlung Walter Lippold

Schmiedemeister Eduard Gruner steht am Schmiedefeuer in der Zwickauer Straße 73 (heute Waldstraße 13) und zieht den Blasebalg. (um 1920) Foto: Sammlung Walter Lippold

Schmiedemeister Walter Lippold übernahm im Jahre 1925 die Schmiede Eduard Gruners als Pächter. (um 1930) Foto: Sammlung Walter Lippold

Über dem Eingang zur Schmiede hängt ein Schild mit folgendem Text: „Schmiederei u. Hufbeschlag, Reparaturwerkstatt landw. Maschinen u. Ackergeräte, Walter Lippold, gepr. Hufbeschlagmeister." Aus dem Fenster schaut Walter Lippolds Ehefrau Gertrud. (um 1930) Foto: Sammlung Walter Lippold

Im Jahre 1934 nahm der Reichsarbeitsdienst Begradigungsarbeiten am Verlauf des Marienthaler Baches vor. Zwischen dem Bach und der heutigen Waldstraße arbeiteten Männer an den Gründungen der Häuser Waldstraße 3 und 5. Das Bauerngut (rechts) gehört Paul Kästner. (1934) Foto: Sammlung Walter Lippold

Der Baumeister Willi Liebegott besichtigt an der damaligen Zwickauer Straße die Gründungsarbeiten für die heutigen Wohnhäuser Waldstraße 3, 5 und 7 (Anbau an die Nr. 9). Im Hintergrund der Gasthof „Kastanienbaum", davor das Haus Zwickauer Straße 94 (heute Waldstraße 4) des Tischlermeisters Franz Günther. (1934) Foto: Sammlung Walter Lippold

Die Handwerker des Bauunternehmers Willi Liebegott aus der Zwickauer Straße 12 errichten das Doppelwohnhaus der heutigen Waldstraße 3 und 5. Vor dem Windberg im Hintergrund steht das Bauerngut Paul Kästners (damals Zwickauer Straße 90). Es wurde in den 1960er-Jahren abgebrochen. (1934) Foto: Sammlung Walter Lippold

Vor der im Jahre 1934 erbauten Werkstatt für die Schmiede in der heutigen Waldstraße 3 beschlug Walter Lippold die Pferde des Kohlehändlers Walter Singer, der sein Fuhrgeschäft in der Marienthaler Straße 169 betrieb. (um 1960) Foto: Sammlung Walter Lippold

Nachdem aus Beton die Bodenplatte gegossen war, wurden die Wandfertigteile und die Deckenelemente mit Hilfe eines Turmdrehkranes zu einem Wohnhaus zusammengefügt. Nach der Fertigstellung der Wohnhäuser gestaltete man die Freianlagen. Im Bild sind Häuser am Bebauungsgebiet Eschenweg zu sehen. (um 1963) Foto: Sammlung Walter Lippold

Im Juli 1963 bot sich dieses Bild von der Baustelle. Der Feldweg wurde im folgenden Jahr zum Eschenweg ausgebaut. (1963) Foto: Sammlung Walter Lippold

In der Zwickauer Straße 96 (Marienthaler Straße 176), kurz vor der Kreuzung Heinrich-Braun-Straße/Waldstraße, stand ab 1876 das Restaurant „Kastanienbaum". Otto Meyer und danach Paul Kluge waren lange Zeit dessen Gastwirte. Das Gebäude wurde 1994 abgebrochen. (1926)

Der Gastwirt des Restaurants „Kastanienbaum" verwies in seinen Anzeigen auch immer stolz auf den schattigen Garten und den geräumigen Saal. Im Hintergrund steht ein Konzertpavillon, links ist eine Veranda zu sehen. In dem rechten Gebäude befand sich während der DDR-Zeit eine Kokosweberei, zu der auch das Haus mit dem „Kastanienbaum" gehörte. (1911)

Im Saal der Gastwirtschaft „Kastanienbaum“ kamen – wie damals üblich – auch kleine Theaterstücke zur Aufführung. Wie die Tafel an der Wand anzeigt, wurde Pilsner Bier der Zwickauer Vereinsbrauerei ausgeschenkt. (um 1913)

Nach 1945 war der „Kastanienbaum“ im Besitz Anna Barthels. Die 1935 hier in Betrieb genommene und 1972 in Volkseigentum übergegangene Kokosweberei (VEB Kokosweberei Zwickau) wurde 1993 geschlossen. Im Bild (von links) die Veranda (Lager), der Saal (Produktion, hinten) mit einem Anbau und der ehemalige „Kastanienbaum“ (Verwaltung) vor dem Abbruch. (1990) Foto: Heinz Kindel

Am Ende der Marienthaler Straße (heute gehört dieser Teil zur Waldstraße), neben der Kreuzung zur Heinrich-Braun-Straße, stand das sogenannte Blechhäusel. Es trug die Nummer 178 und gehörte dem Geschirrführer Arno Hertel. Rechts im Bild das Bauerngut Kurt Thümmler, später Paul Vogel, Heinrich-Braun-Straße 18. (um 1963) Foto: Sammlung Walter Lippold

Aus Richtung Südwesten ist hier das inzwischen abgebrochene Bauerngut Kurt Thümmler, später Paul Vogel, an der Heinrich-Braun-Straße 18 im Bild festgehalten worden. Die Scheune (links davon) gehörte allerdings zum Gut des Landwirts Paul Schumann. (um 1970) Foto: Heinz Kindel

Das Restaurant „Zur Linde“ befand sich im Gebäude Heinrich-Braun-Straße 35 (damals Königswalder Straße 3). Im Jahre 1909 oder 1910 übernahm Alfred Illing diese Gaststätte von Franz Trumpold. August Looke wurde etwa 1939 neuer Gastwirt. Im Hintergrund sieht man die Bäume an der Werdauer Chaussee. (um 1909) Foto: Sammlung Uwe Halbauer

Das Einzelhaus an der Heinrich-Braun-Straße ist die im Jahre 1900 erbaute Nr. 35 mit dem Restaurant „Zur Linde“. Die Felder gehören zum Schumann-Gut. (um 1960) Foto: Heinz Kindel

Dieses Luftbild aus dem Jahre 1929 zeigt die Bebauung der Kameradensiedlung (später Windbergsiedlung) an der Heinrich-Braun-Straße (links), den quer im Bild verlaufenden Kameradenweg (nach 1945 Platanenweg) und den in Nord-Süd-Richtung liegenden Kastanienweg. Oben im Bild der Renatus-Berg. (1929) Foto: Sammlung Dagmar Kröber

Das Luftbild stammt etwa aus dem Jahre 1933 und zeigt die Kameradensiedlung aus Richtung Süd-West. In dem einzelnen Haus an der Heinrich-Braun-Straße 35 befindet sich das Restaurant „Zur Linde". Im Vergleich zum Bild oben sind drei neue Häuser am Ulmenweg entstanden. (um 1933) Foto: Sammlung Dagmar Kröber

Von der Windbergsiedlung aus konnte man früher über die Felder zum Windberg schauen. Heute befinden sich hier Wohnhäuser und Gartenanlagen. (um 1955)

Die Windbergsiedlung wurde auch Kriegersiedlung genannt. Links verläuft die Heinrich-Braun-Straße, an der das Schumann-Gut steht. Von dieser Straße zweigt nach rechts der Kameradenweg (heute Platanenweg) ab. (um 1938)

Die Bewohner der Windbergsiedlung feierten gern ihr Siedlungsfest. Auf einer kleinen Bühne, die auf dem Platz an der Kreuzung Platanenstraße/Ahornstraße steht, wurde zum Tanz aufgespielt. (um 1975) Foto: Sammlung Dagmar Kröber

Die Einwohner der Siedlung sorgten während des Siedlerfestes selbst für Speisen und Getränke. Am Rosterstand hatte sich schon eine Menschenschlange gebildet. (um 1975) Foto: Sammlung Dagmar Kröber

Über das Stadtgut Richard Zills an der Waldstraße 4 und die Felder gleitet der Blick zum Staatlichen Krankenstift. In dem Gebäude am linken Bildrand befand sich zeitweilig u. a. auch die Blutspendestation. (um 1931)

Richard Zill hatte in der Waldstraße 4 ein Stadtgut gepachtet, das auf dem Bild gut zu erkennen ist. Die Bebauung der Felder mit Wohnhäusern setzte erst Mitte der 1930er-Jahre ein. Vor dem Staatlichen Krankenstift steht das Krüppelheim. Die Schornsteine im Hintergrund gehören zum RAW Zwickau. (um 1931)

Die Stadt Zwickau hatte für den Neubau des Krankenstiftes die Grundstücke und die Bauerngüter der Landwirte Martin Müller, Max Schwarzenberger, Paul Schumann und Richard Zill erworben und als Stadtgut wieder an diese Landwirte verpachtet. Das Wohnhaus dieses Müllergutes in der Waldstraße 2 wurde etwa 1860 erbaut. Foto: Gudrun Wimmeler (um 1990)

Richard Zill übernahm von seinem Vater Oskar das Stadtgut in der Waldstraße 4. Links steht das Pumpenhaus, dessen Pumpen das Wasser aus dem Teich auf die Obstplantagen befördert. Foto: Gudrun Wimmeler (um 1990)

Im Vordergrund verläuft die Heinrich-Braun-Straße, an der ein Trafohäuschen und – rechts davon – ein Haus des von Simon Schocken unterstützten Siedlungshäuserbaus stehen. Am Nibelungenweg, in Sichtweite des Heinrich-Braun-Krankenhauses, entstanden um 1938 kleine Wohnhäuser der sogenannten NS- oder SA-Siedlung. In der Talsenke steht das Bauerngut Zill. (um 1939)

Die Wohnhäuser der sogenannten NS-Siedlung (auch SA-Siedlung genannt) wurden 1936/38 vom Reichsarbeitsdienst erbaut. Die Bauzeit betrug ein Jahr. Jedes Haus kostete nur 6.000 Mark, da es sich um standardisierte Typenhäuser handelte und der Lohn während des Reichsarbeitsdienstes lediglich 0,75 Mark am Tag betrug. (um 1937) Foto: Verwaltungsbericht der Stadt Zwickau, 1936

Die Landwirtschaftliche Produktionsgenossenschaft (LPG) Marienthal spezialisierte sich wegen der Südlage ihrer Grundflächen auf die Obst- und Gemüseproduktion. Im Winter wurde vor allem Rosenkohl geerntet und verarbeitet. Während die links arbeitende Kollegin die Blätter entfernt, schiebt die rechts stehende Kollegin den Stängel in eine Maschine. (1988) Foto: Karl Wolf

An der Seite der Maschine rollen die vom Stängel getrennten Blattröschen auf ein Förderband. (1988) Foto: Karl Wolf

Bevor die Blattröschen in Säcken verpackt werden, klauben die Frauen die nicht einwandfreien Exemplare aus. (1988) Foto: Karl Wolf

In den 1980er-Jahren, als Obst im Handel der DDR oft knapp war, verkauften Mitarbeiterinnen der LPG Marienthal ihre begehrten Produkte auf dem Domhof. (1988) Foto: Karl Wolf

Während zwei Mitarbeiterinnen verkaufen, sind zwei weitere mit dem Abwiegen, Auspreisen und Verpacken der Ware beschäftigt. (1988) Foto: Karl Wolf

Vom Virchowplatz kommend (im Hintergrund ist das „Hochhaus“ zu sehen), fährt diese Straßenbahn der Linie 4 in Richtung Innenstadt. (um 1970) Foto: Karl-Heinz Pluntke

Am Fotografen vorbei strebt dieser Straßenbahnzug in winterlicher Landschaft der Haltestelle „Brander Weg“ zu. Links im Bild eine „Garagensiedlung“. (um 1970) Foto: Karl-Heinz Pluntke

Das Gebäude der Karl-Keil-Straße 42, das der Aktienbrauerei Zwickau-Glauchau gehörte, wurde 1927 fertiggestellt. Gastwirt Friedrich Goßmann führte den Gasthof „Zur Tanne", zu dem auch der bewirtschaftete Vorgarten gehörte. Das zugehörige Fleisch- und Wurstwarengeschäft hielt sich nicht lange. (1929)

Friedrich Goßmann, dem 1933 Paul Müller als Gastwirt folgte, warb auf der Rückseite einer Ansichtskarte: „Fremdenzimmer, fließend Warm- und Kaltwasser, Zentralheizung, elektrisches Licht, modern eingerichtet, schöne Vereins- und Gesellschaftszimmer, Garagen, in der Nähe des Krankenstifts." (1928)

Der „Tunnel“ war ein Flaschenbierverkauf im Hinterhof der Karl-Keil-Straße 42. Bei schönem Wetter saßen die Männer im Freien, unterhielten sich oder spielten Skat. Foto: Heinz Kindel

Mit zum Teil recht eigenartigen Kopfbedeckungen waren junge Männer am Himmelfahrtstag auf Wanderschaft. Viele von ihnen kehrten im „Tunnel“ ein. Das Bild entstand aus der Gegenrichtung des obigen Bildes. Foto: Heinz Kindel

An der Stelle, an der die Steinpleiser Straße (rechts) von der Karl-Keil-Straße abzweigt, entstand eine Freifläche, die man ab etwa 1934 als Horst-Wessel-Platz bezeichnete. Nach dem Ende des Zweiten Weltkrieges wurde dieser Platz in Virchowplatz umbenannt. Die Straßenbahn befuhr die Karl-Keil-Straße ab Haus Nr. 44 stadteinwärts nur noch eingleisig. (um 1935)

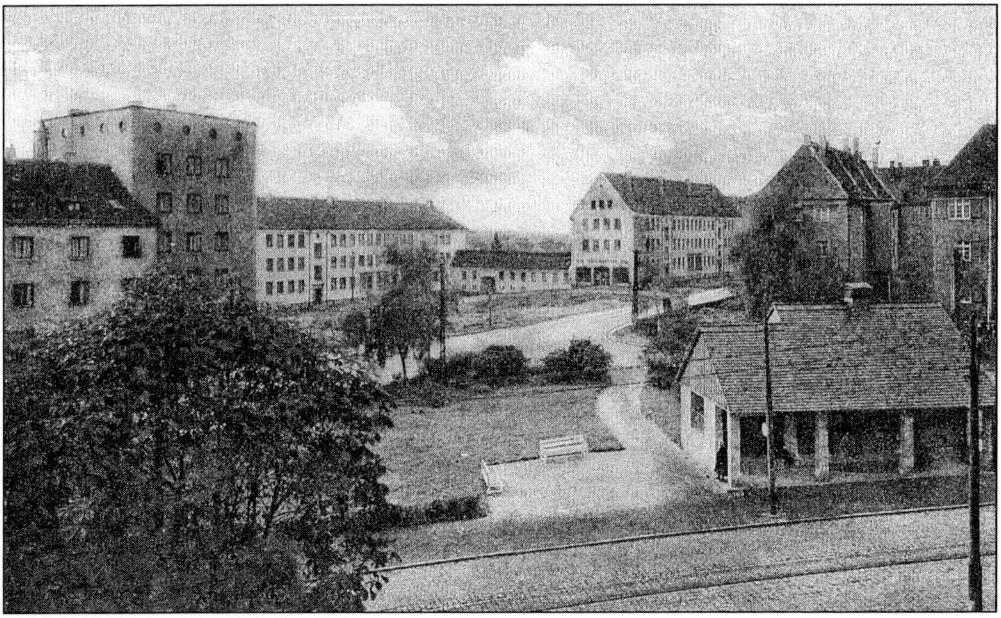

Etwa 1952/53 erbaute man an der Straßenbahnhaltestelle Virchowplatz ein Wartehäuschen. Auch einige Bänke wurden aufgestellt. An der Steinpleiser Straße (im Hintergrund) entstanden neue Wohnhäuser. Das fünfetagige Wohnhaus Virchowplatz 9 bezeichneten die Marienthaler scherzhaft als „Hochhaus“. (1954)

Die Karl-Keil-Straße verläuft hier in einem Bogen in Richtung Norden. Nach links zweigt die Friedrich-Staude-Straße ab. Sie wurde nach dem Medizinalrat Dr. Staude benannt, der von 1866 bis 1890 am Königlichen Krankenstift wirkte. Bei dem großen Gebäude handelt es sich um die Frauenklinik. (um 1938)

Die geschmückte Straßenbahn signalisiert eine Streckeneinweihung. Am 6. November 1924 weihten Repräsentanten der Stadt Zwickau und Ehrengäste die Weiterführung der Linie 4 bis zum Haupteingang des Staatlichen Krankenstifts an der Karl-Keil-Straße ein. (1924)

Mitte der 1950er-Jahre wurden an der südlichen Seite der Steinpleiser Straße Neubauten in Ziegelbauweise errichtet (ungerade Nummern 19 bis 37). Hier sind die Häuser Nr. 19, 21 und 23 (von links) abgebildet. Im damaligen HO-Geschäft für Industriewaren wird heute Damenmode verkauft. (um 1955) Foto: Heinz Winkelmann

Etwa 1955 wurden die Wohnhäuser der Steinpleiser Straße 14–20 fertiggestellt. Die Straße selbst musste noch ordentlich ausgebaut werden. (um 1955) Foto: Heinz Winkelman

Die Brander Schule in der Schulstraße (später Hansastraße 16) konnte am 26. Juli 1863 fertiggestellt werden. Am 1. April 1939 wurde Brand nach Zwickau eingemeindet und dem Stadtteil Marienthal zugeordnet. (1913)

Blick in die Weißenbrunner Straße mit den Wohnhäusern Nr. 16/18. Dem Gasthofbesitzer Adolf Bräutigam (Gasthof „Brand") gehörte zeitweise das Doppelhaus sowie die Kegelbahn am rechten Bildrand. Die Baulücke bis zur Nr. 10 wurde inzwischen geschlossen. (um 1913)

„Zur Deutschen Eiche“ war ein beliebtes Gartenrestaurant (später Gasthof) in der Schulstraße 9 (später Hansastraße 9), gegenüber der Schule. Von Christian Wilhelm Ihle übernahm Paul Croy 1910 diese Gastwirtschaft. 1919 folgte Rosa Johanne Möckel als Eigentümer, später ihr Sohn August Möckel. Sie verpachteten das Restaurant, dem mehrmals von den Behörden die Tanzgenehmigung versagt wurde, an Albert Dassler (ab 1930) und August Looke (ab 1937). In dem Flachbau befand sich ein etwa 80 Quadratmeter großer „Salon“. Im Jahre 1912 wurden zwei Zimmer zu einem Vereinszimmer zusammengelegt. Im Sommer hielten sich die Gäste auch gern im 800 Quadratmeter großen Garten auf. (um 1913)

Der Pächter des Gasthofes „Brand“ in der Lichtentanner Straße 11, Alfred Gehler, warb mit dieser Ansichtskarte für den „Ball- und Gesellschaftssaal, die Gartenwirtschaft und das Vereinszimmer“. Später pachtete Franz Helbig den Gasthof. Nach dessen Tod führte Josef Raßl das Geschäft als Pächter fort. Im Gegensatz zur „Deutschen Eiche“ war in diesem Gasthof „Dielentanz“ erlaubt. (um 1930)

In der Lichtentanner Straße 11 stand der Anfang der 1960er-Jahre abgebrochene Gasthof „Brand“ (rechts). Während des Zweiten Weltkrieges befand sich darin ein Kriegsgefangenenlager für sowjetische und französische Soldaten. In der Nr. 14 (links) hatte der Bäcker Paul Peuschel seine Bäckerei. Hinter dem Zaun befand sich die Kegelbahn des Gasthofes. (um 1925)

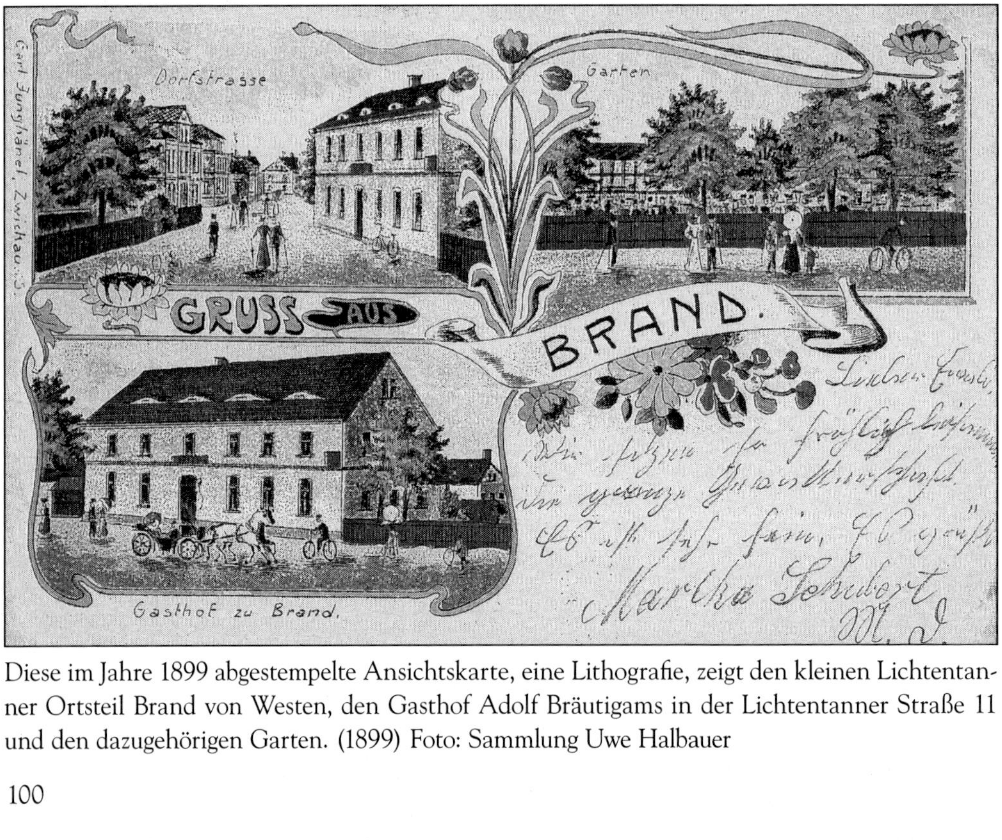

Diese im Jahre 1899 abgestempelte Ansichtskarte, eine Lithografie, zeigt den kleinen Lichtentanner Ortsteil Brand von Westen, den Gasthof Adolf Bräutigams in der Lichtentanner Straße 11 und den dazugehörigen Garten. (1899) Foto: Sammlung Uwe Halbauer

Auf Drängen Prof. Dr. Brauns war noch vor dem Ersten Weltkrieg mit dem Bau des Kgl. Krankenstifts in Marienthal, Karl-Keil-Straße 35, begonnen worden, da das alte Krankenstift an der Werdauer Straße 7 keine Perspektive besaß. Die Arbeiten – im Bild das Verwaltungsgebäude – mussten wegen des Krieges im Jahre 1915 unterbrochen werden. (1915)

Der bekannte Zwickauer Fotograf Franz Landgraf fotografierte am 27. Februar 1926 diese Bauarbeiter der Firma Eisenbeton-Industriebau GmbH aus Dresden, die auf der Baustelle Krankenstift arbeiteten, so die rückseitige Notiz. (1926)

Die ersten neu erbauten Gebäude des Staatlichen Krankenstifts wurden am 21. Dezember 1921 feierlich übergeben. In der Bildmitte, quer zu den anderen Gebäuden, steht das Verwaltungsgebäude. Das Pathologische Institut, das rechts neben der Straße entstehen sollte, fehlt hier noch. Im Hintergrund (rechts) ein Bettenhaus der Chirurgischen Abteilung. (um 1924)

Im Laufe der Jahre wurden weitere Gebäude übergeben. Im Bau befindet sich das Pathologische Institut (mit Hörsaal), das am 1. September 1927 eröffnet werden konnte. Rechts das Verwaltungsgebäude. (1926)

Vom Eingang des Verwaltungsgebäudes aus hat der Betrachter diesen Blick auf das Pathologische Institut. (um 1935)

Nur einige Schritte weiter nördlich als im obigen Bild kann man über den Parkplatz zu den beiden Schwesternheimen schauen. Das rechts stehende Schwesternheim I wurde im Jahre 1928, das links stehende, Nr. II, im Jahre 1929 erbaut. (um 1935)

Am 1. Dezember 1921 zog die Chirurgische Abteilung als erste medizinische Abteilung in das neue Staatliche Krankenstift um. Vor dem Heizhaus des Krankenstifts (Schornstein!) standen die Bettenhäuser der Chirurgischen und der Inneren Abteilung. Die großen Fenster der Patientensäle befinden sich auf der Südseite des Gebäudes. (1925)

Der Haupteingang zum Staatlichen Krankenstift mit dem Verwaltungsgebäude im Hintergrund. Im linken Gebäude wurde jeder Besucher streng kontrolliert, musste sich ausweisen und den Grund seines Besuches angeben. (1925)

Die Gebäude waren alle durch überdachte Laubengänge, die nach der Wetterseite geschlossen waren, miteinander verbunden. Rechts das OP-Gebäude mit vier OP-Sälen für die Chirurgie, im ersten Stock die Röntgenabteilung. Links die beiden Privatstationen (Chirurgische und Innere Abt. – Stationen 17 und 18). Beide Gebäude wurden abgebrochen und an ihrer Stelle neue errichtet. (1925)

Im Jahre 1931 war die bauliche Entwicklung des Krankenstifts vorläufig abgeschlossen. Links das OP-Gebäude, die anderen Gebäude sind Bettenhäuser mit je drei Stationen. (1925)

Dieses Bild entstand im nördlichen Teil des Krankenhausgeländes. Es zeigt das Verwaltungsgebäude (links) und die Bettenhäuser der Chirurgischen und der Inneren Abteilung. (1925)

Nach der Fertigstellung der zweiten Ausbaustufe der Frauenklinik im Jahre 1931 standen insgesamt 200 Betten zur Verfügung. An der Südseite des Gebäudes befinden sich die Krankenzimmer. (1932)

Die durch den Haupteingang (rechts unten) kommende Straße teilt sich und verläuft am Pathologischen Institut (rechts) und an dem im Bau befindlichen Schwesternheim I zu den hinter dem Verwaltungsgebäude befindlichen Fachabteilungen. Links unten entsteht das Gebäude mit der Turnhalle für die Schwestern und dem Speisesaal. (1928)

Auf dem Gelände des Krankenstifts entstanden ab 1926/27 durch die Baugenossenschaft Siedlung am Krankenstift GmbH Wohnhäuser für die Ärzte des Krankenhauses. Rechts das Direktorengebäude (1), in dem Prof. Braun (1921–1928) wohnte. Vor und neben dem Haus 3 (2) mit den Abteilungen Inneres, später auch HNO und Augen (Stationen 20, 21, 22) sollten noch drei Bettenhäuser gebaut werden. (1928)

Blick auf das Krankenstift aus Richtung Südwesten. Von einer Umgehungsstraße umgeben ist das Gebäude mit dem Bad, in dem sich auch eine kleine Schwimmhalle befand, und der Physiotherapie. Es musste einem Neubau weichen. Im Hintergrund verläuft die Werdauer Straße. (1928)

Auf diesem Luftbild befinden sich im Vordergrund die Gärtnerei und das Heizhaus (mit Schornstein und Kohlelager), rechts davon die Küche. Im Hintergrund sind die Karl-Keil-Straße und der spätere Virchowplatz zu sehen. (um 1939)

Prof. Dr. Heinrich Braun (* 1862 in Rawitsch, † 1934 in Überlingen) arbeitete von 1906 bis 1928 als Direktor des Königlichen Krankenstiftes (ab 1919 Staatliches Krankenstift) Zwickau. Seine bleibenden Verdienste sind u. a. der Bau des Krankenstiftes in Marienthal, seine grundlegenden Arbeiten über die örtliche Betäubung und zahlreiche von ihm verfasste Lehrbücher.

Nach dem Tod von Prof. Heinrich Braun erhielt das Krankenstift am 28. Oktober 1934 den Namen Heinrich-Braun-Krankenhaus (HBK). Im Jahre 1935 wurde diese Büste des Bildhauers Prof. Walter Stengl (1902–1980, Schwiegersohn von Prof. Kulenkampff) im Gedenken an Prof. Braun aufgestellt. (um 1938)

Im Verwaltungsgebäude – hier die südliche Seitenansicht – befanden sich der Betsaal mit den im Bild sichtbaren großen Fenstern, die Verwaltung (im Erdgeschoss), die Zentrale Bibliothek (im 1. Stock), die Ärzte- und Schwesternzimmer (im 2. und 3.Stock). (1958)

Selbst das Krankenhauspersonal schaute zu, als am 3. Oktober 1928, um 12.45 Uhr, Graf Zeppelin mit seinem Luftschiff LZ 127 über dem Staatlichen Krankenstift fuhr. Er war erst am 18. September 1928 zur Jungfernfahrt gestartet. (1928)

Vor einhundert Jahren wurden körperlich behinderte, bildungsfähige Menschen noch als „Krüppel" bezeichnet. Der „Verein zur Fürsorge für bildungsfähige Krüppel" ließ in der Waldstraße 9A das Krüppelheim mit 70 Betten erbauen. Es wurde im Jahre 1907 eingeweiht. (um 1908)

Im Jahre 1910 war ein zweiter Bau (links) für das Krüppelheim notwendig, in dem die Orthopädische Klinik und weitere 55 Betten untergebracht waren. 1926 wurde nach dem Handwerkerhaus noch ein viertes Gebäude mit Büros und zwei Wohnungen für den Direktor und den Hausmann errichtet. (um 1925) Foto: Sammlung Reiko Seitz

Am 16. April 1912 reiste der sächsische König Friedrich August in die Stadt Zwickau. Während seiner Rundreise besuchte er mit seinem Gefolge auch das Krüppelheim in Marienthal. Hausarzt dieses Heimes war bis 1919 der San.-Rat Dr. med. Gaugele. (1912)

Die Behinderten im Krüppelheim wurden dafür ausgebildet, einfache Arbeiten zu verrichten. Das Bild zeigt Korbmacher im Handwerkerhaus, das im November 1912 bezogen worden war. Die Platzverhältnisse waren allerdings sehr beengt. Andere Heiminsassen waren z. B. mit dem Bemalen von Porzellan beschäftigt. (um 1926)

Am 22. Mai 1911 nahm die Walderholungsstätte für Lungenkranke in der Waldstraße 4 ihre ersten Patienten auf. Der Albert-Zweigverein hatte mit Spenden entscheidend zum Bau der Walderholungsstätte beigetragen. Der Ausbau war erst am 9. Mai 1925 abgeschlossen. (1912)

Die städtische Walderholungsstätte erhielt im Jahre 1925 diesen Erweiterungsbau, der mitten im Wald steht und über 40 Betten verfügt. Darin wurden lungenkranke, lungenkrankheitsgefährdete und erholungsbedürftige Erwachsene beiderlei Geschlechts gepflegt. Während der DDR-Zeit wurden hier die Haut- und Geschlechtskranken behandelt. (um 1927)

In diesem Kinderheim der Walderholungsstätte wurden 30 lungenkranke, blutarme und erholungsbedürftige Kinder vom ersten Lebensjahr bis zum letzten Schuljahr aufgenommen und gepflegt. Dem Erholungsheim war auch eine sogenannte Waldschule angegliedert, in der die erkrankten Kinder lernen konnten. (um 1927)

Der Schlafsaal für die Kleinkinder in der Walderholungsstätte. Vom 19. April bis zum 28. November 1926 konnten hier 64 Kleinkinder bis 6 1/2 Jahre, 91 Schulkinder und 15 Tageskinder (ohne Schlafgelegenheit) betreut werden. (um 1936)

Die 1888 eröffnete Gaststätte auf dem Windberg an der Werdauer Straße 94 nannte sich nach dem sächsischen König Albert (1828–1902) „Alberthöhe“. Den Turmaufsatz mit dem Ausblick in alle Himmelsrichtungen errichtete der Zwickauer Erzgebirgs-Zweigverein. Im Vordergrund verläuft die 1826 bis 1828 als Chaussee ausgebaute Werdauer Straße. (1910)

Die gepflegte Gaststube der „Alberthöhe“ mit ihren Wandmalereien vermittelte einen behaglichen Eindruck. Die Ansichtskarte, die der Eigentümer Reinhard Braicks drucken ließ, verwies außerdem auf „Gartenwirtschaft, Veranda, Salon, Vereinszimmer, Hutzenstube und Bergwerksstolln“. (um 1912)

Die Einkehrstätte „Alberthöhe“ auf dem Windberg wurde in den 1920er-/30er-Jahren von Fritz Später bewirtschaftet. (um 1937)

Im Jahre 1964 erhielt die Gaststätte „Zum Windberg“ einen Anbau, in dem sich ein großer Gesellschaftsraum befand. Auch am Hauptgebäude waren mehrere Veränderungen vorgenommen worden. (1964)

Am 2. September 1900, am sogenannten Sedantag, weihten der Oberbürgermeister Karl Keil und zahlreiche Gäste die 13 Meter hohe Bismarck-Feuersäule ein. Die Säule wurde etwa 1962 abgebrochen. Steine davon verwendete man für den August-Bebel- und den Martin-Hoop-Gedenkstein. Am Wegende steht die Gaststätte „Alberthöhe". (um 1935)

Hinter der Bismarck-Feuersäule erstreckt sich der Zwickauer Stadtteil Marienthal. Die Pauluskirche ist deutlich zu erkennen. Da es in der Umgebung weitere Säulen gab, sollten beim Entzünden des Feuers in der 3,9 Meter breiten Schale zu den nationalen Feiern die patriotischen Gefühle der Deutschen angesprochen werden. (um 1913)

Das Landhaus mit dem spitzen Türmchen als weithin sichtbares Wahrzeichen (360 m ü.NN) ließ im Jahre 1892 der Schneidermeister Fritz Blume erbauen. Im Volksmund wurde es deshalb „Nadelbüchse" genannt. In der Bildmitte steht die Bismarck-Feuersäule. (um 1928)

Dort, wo sich heute Gärten befinden und Wohnhäuser stehen, erstreckten sich in den 1930er-Jahren Felder. Halb rechts erkennt man die Bismarck-Feuersäule und die Gaststätte „Alberthöhe", halb links das Landhaus Werdauer Straße 82 (mit Türmchen). Das Foto entstand etwas weiter westlich als das obige. (um 1935)

Dieser junge Mann ließ sich neben dem Moltke-Gedenkstein, der unweit der Bismarck-Feuersäule stand, fotografieren. Generalfeldmarschall Helmuth Karl Bernhard Graf von Moltke (1800–1891) hatte als Chef des preußischen bzw. deutschen Generalstabes großen Anteil an den Siegen in den Kriegen 1864, 1866 und 1870/71. Der Gedenkstein wurde am 15. Februar 1902 geweiht und nach 1945 entfernt. (um 1910)

Der Windberg eignete sich im Winter natürlich hervorragend zum Schlittenfahren. Das Skifahren war damals in unserer Region noch nicht so beliebt. Zahlreiche Erwachsene sahen an der „Ruschel- oder Knochenbahn", so die damalige Bezeichnung, den Kindern beim Rodeln zu. (1909)

Durch die Arbeiterwohlfahrt in den Jahren 1925/26 auf dem Windberg als Walderholungslager ins Leben gerufen, erholten sich Kinder aus sozial schwachen Familien in diesem Ferienlager. Seit dem Jahre 1951 wurde es als Zentrales Pionierlager „Karl Liebknecht" geführt. Die Kinder lebten zunächst in Zelten, später in Hütten. (1956)

Das Pionierlager stand unter der Leitung eines Trägerbetriebes, zunächst des VEB Steinkohlenwerk „Karl Liebknecht" Oelsnitz, ab 1951 dann des VEB Steinkohlenwerk „August Bebel". Im Sommer 1989 fand die letzte Belegung dieses Pionierlagers statt. (1960)

Blockhütten haben die Zelte als Unterkünfte abgelöst. Neben den Kindern aus Zwickau und Umgebung weilten auch solche aus Berlin, aus Polen, Ungarn, der Sowjetunion und der ČSSR, aber auch aus Frankreich, aus Westberlin und aus dem Ruhrgebiet als Gäste in diesem Lager. In einem zweiwöchigen Durchgang waren jeweils etwa 800 Kinder und 200 Betreuer untergebracht. (1967)

Das Lager wurde außerhalb der Ferienzeit als Sommerlager für die vormilitärische Ausbildung von Studenten und von Einheiten der Nationalen Volksarmee (NVA) genutzt. Die einfachen Blockhütten wurden durch modernere Aufenthalts- und Schlafgebäude ersetzt und 1959 mit dem Bau dieses Küchen- und Sozialgebäudes für das Personal gute Arbeitsbedingungen geschaffen. (1961)

Am 8. Mai 1910 stellte man am Beginn der Waldparkstraße zu Ehren von Prof. Dr. Ernst Fritsche, dem Vorsitzenden des Erzgebirgs-Zweigvereins Zwickau, einen Gedenkstein auf. In seiner Blütezeit um 1910 hatte dieser Verein 906 Mitglieder. (um 1911)

Der Fritsche-Gedenkstein ist inzwischen vom Wald umgeben. Die Mitglieder des Erzgebirgs-Zweigvereins Zwickau pflegen die Anlage. (um 1991)

Der Gasthof „Zum Windberg“ (besser bekannt als Winters Gasthof) bot den Reisenden an der Werdauer Straße 96 (heute Nr. 200) eine Gelegenheit zur Rast. Den Gastwirten war amtlich „der Bier- und Branntweinschank, das Krippensetzen, das Ausspannen und das Beherbergen“ genehmigt worden. Der Anbau (s.u.) steht hier noch nicht. (um 1890) Foto: Sammlung Hans-Georg Hering

Karl Gottlob Klötzer (ab 1859), David Riedel (ab 1882), Hermann Fürchtegott Hommel (ab 1884) und schließlich Wilhelm Eduard Winter (ab 1892) waren die Eigentümer des Gasthofes „Zum Windberg“ – nicht zu verwechseln mit der Gaststätte „Alberthöhe“, die nach 1945 diesen Namen trug. Nach 1960 erhielt diese Gaststätte den Namen „Zur Obstplantage“. (um 1904)

Im Jahre 1962, als diese Ansichtskarte entstand, war das Neubaugebiet in Marienthal fertiggestellt. Auch die Gartenanlage „Am Windberg“ war angelegt worden. Rechts im Bild die Otto-Grotewohl-Schule (heute Förderschule „Rudolf Weiß“) am Eschenweg. (1962)

Links im Bild erkennt man die Kinderkrippe „Anne Frank“ an der heutigen Joliot-Curie-Straße 2. Inzwischen hatte sich die Gartenanlage „Am Windberg“ bis zu den Wohnhäusern ausgedehnt. Halb links verläuft die Fritz-Heckert-Straße, von deren Häusern die Rückseiten zu sehen sind. (1968)

Dieses eingeschossige Wohnhaus an der Werdauer Straße 225 entstand im Jahre 1850. Es diente bis 1885 als Königl.-Sächs. Chausseegeldeinnahme. Im Jahre 1936 wurden die beiden Erdgeschossfenster durch ein größeres Fenster ersetzt. (um 1950) Foto: Sammlung Lothar Stark

Der Gastwirt Max Schmutzler ließ etwa 1932/33 an der Werdauer Straße 130 (heute Nr. 276) das Café „Fernblick" errichten. Er wählte für den Bau einen günstigen Standort aus. Die gute Sicht und die nahe Fernstraße verschafften ihm zahlreiche Gäste. Entweder legten die Autofahrer eine kleine Rast ein oder es kehrten vom nahen Stadtwald kommende Ausflügler ein. (um 1935)

Richard Meinhardt eröffnete im Jahre 1921 in dem 1889 erbauten Wohnhaus an der Königswalder Straße 12 sein Restaurant „Zur Waldschänke". Wie die parkenden Autos verraten, kamen zu jeder Zeit auch Gäste aus der ferneren Umgebung. Richards Tochter Barbara Meinhardt führte die Gaststätte später fort. (um 1928)

Im Sommer war der Garten der „Waldschänke" von Gästen, die durch den nahen Stadtwald wanderten und hier rasteten, stets gut besucht. Richard Meinhardt brüstete sich auf der Rückseite dieser Ansichtskarte damit, den „schönsten Ausflugsort der Umgebung" zu haben. (um 1935)

Am 7. Januar 1922 feierten die Mitglieder des Gabelsberger Stenografen-Vereins Zwickau-Marienthal im Gasthof „Zur Krone“ einen Hutzenabend. Der Vereinsvorsitzende hielt den Vereinswimpel in der Hand. Der Stenografieunterricht wurde in der Paulusschule erteilt. (1922) Foto: Sammlung Reiko Seitz

Musik- und Gesangvereine erfreuten sich vor allem in der Zeit vor dem Ersten Weltkrieg großer Beliebtheit. Im Bild der Mundharmonika-Verein „Edelweiß“ zu Marienthal. (1910)

Die Heimat entdecken!

Von Kiel bis Wien,
von Aachen bis Görlitz:
Entdecken Sie Alltagsgeschichten
aus Ihrer Heimatstadt!

Leben in der Großstadt …

Tauchen Sie ein in das quirlige Großstadtleben vergangener Tage. Spazieren Sie über breite Boulevards und stürzen Sie sich ins Nachtleben. Erkunden Sie ihre Stadt durch die Fensterscheiben einer Straßenbahn oder des ersten Käfers und bewundern Sie prächtig geschmückte Schaufenster.

Erinnerungen an die Schulzeit …

Erinnern Sie sich noch an die Zeiten von Abakus und Schiefertafel, an Klassenausflüge oder den ersten Taschenrechner? Blicken Sie zurück auf große Klassen und gestrenge Schulmeister, entdecken Sie auf Klassenfotos Freunde und Bekannte von früher!

Gesellige Stunden im Verein …

Fußballclub und Schützenverein, Musikkapelle und Gesellenverein: Schauen Sie zurück auf Volksfeste und Turniere, Chorproben oder Prunksitzungen. Erinnern Sie sich an schöne Stunden und das gesellschaftliche Leben in Ihrer Heimat.